DIBUJAR EN BLANCO Y NEGRO

DIBUJAR EN BLANCO Y NEGRO

DEBORAH
VELÁSQUEZ

BLUME

BLUME

Título original *Drawing in Black & White*

Diseño Burge Agency
Imagen de portada e ilustraciones
Deborah Velásquez
Fotografía Glenn Scott Photography
Traducción Teresa Jarrín Rodríguez
Revisión de la edición en lengua española
Pere Fradera Barceló
Profesor, Escola Massana, Barcelona
Coordinación de la edición en lengua española
Cristina Rodríguez Fischer

Primera edición en lengua española 2018

Carrer de les Alberes, 52, 2.°, Vallvidrera
08017 Barcelona
Tel. 93 205 40 00 e-mail info@blume.net

ISBN: 978-84-17254-00-1

Impreso en China

WWW.BLUME.NET

FSC www.fsc.org
MIXTO
Papel procedente de fuentes responsables
FSC® C104723

I love you

DEDICO ESTE LIBRO A MI HERMOSA MADRE, QUE LOGRÓ HACER POSIBLES TANTAS COSAS GRACIAS A SU DETERMINACIÓN, FUERZA Y CORAJE. ELLA SIEMPRE DECÍA: «¡VIVE SIN LAMENTARTE Y HAZLO TODO!».

TAMBIÉN SE LO DEDICO A JOHN, ELÁN Y AUGUSTE, CON TODO MI AMOR.

CONTENIDO

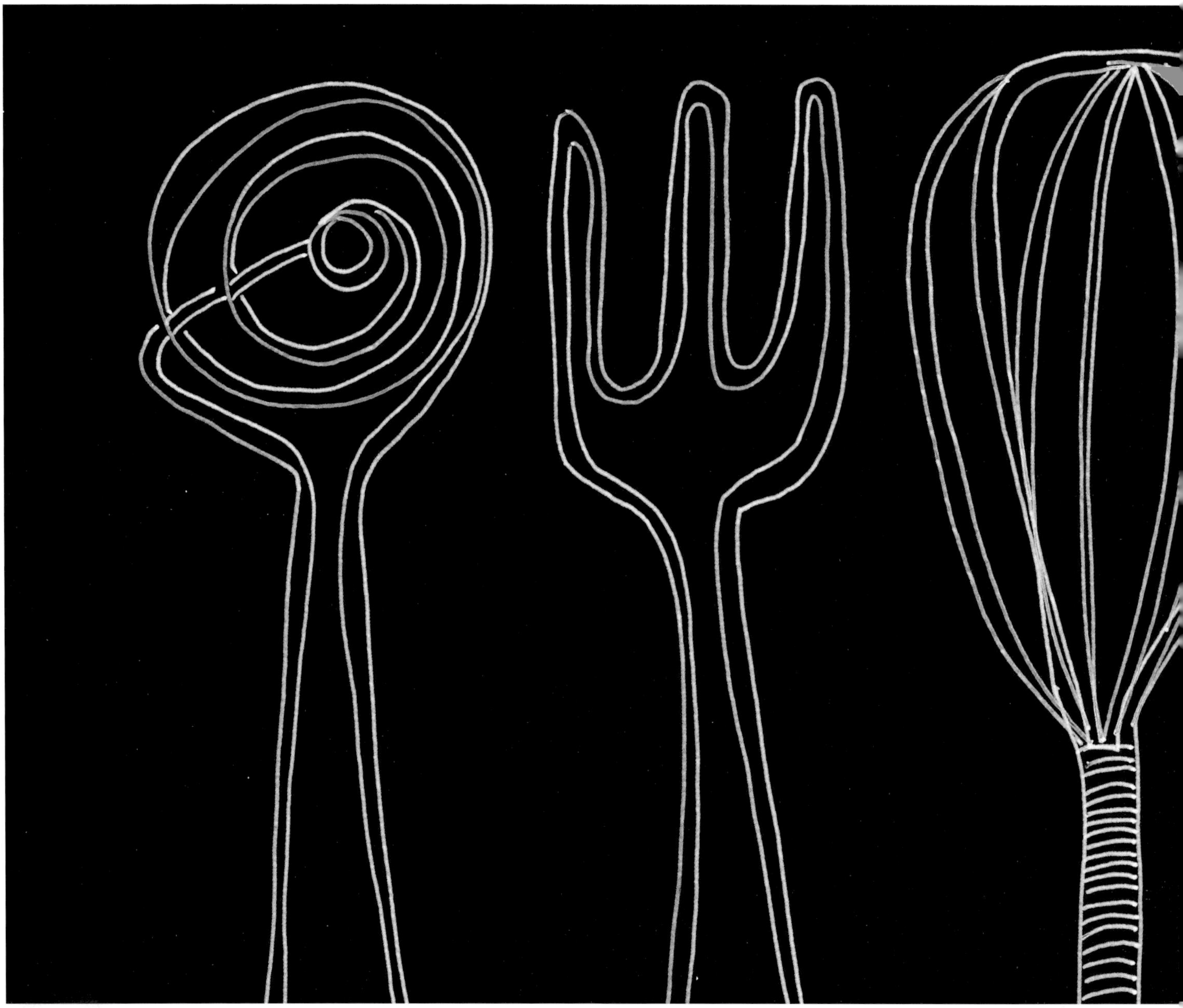

INTRODUCCIÓN

En este libro se explora el dibujo sencillo y el juego creativo con una paleta de colores limitada. Todo está planteado de manera simple y entretenida. Con solo unos pocos utensilios y ejercicios creativos básicos, se puede crear belleza. En los proyectos se explora la línea, la forma, la aguada, la estampación y el papel cortado, y cómo pueden relacionarse entre sí de manera lúdica en espacios positivos y negativos. El lector comprobará que la aplicación de principios simples de diseño como la repetición, el equilibrio, el espacio y el ritmo, puede dar lugar a animados patrones de gran belleza. La confianza y destreza del lector crecerán con cada trazo y cada ejercicio. El libro tiene una presentación sencilla y visualmente atractiva, y es fácil de seguir. El lector también encontrará, en la parte final, dieciséis hojas de papel de distintos tonos que podrá utilizar para experimentar.

Mi pasión por los rotuladores y el papel data de la infancia. Cada vez que tenía la oportunidad, me ponía a dibujar, y siempre quise dedicarme al arte. Incluso hoy en día llevo a todas partes una libreta y un puñado de rotuladores: ¡podría ver algo que hiciera falta dibujar! Este libro está inspirado en un reto personal al que llamé «el proyecto de la libreta en blanco y negro». Pensé que si me limitaba a hacer cosas sencillas sin pensarlas en exceso, podría hacer arte todos los días. Hacer arte a diario ha sido un compromiso personal desde que retomé mi carrera creativa tras tener a mis hijos. Estaba decidida a hacer arte por mucho que la crianza de los niños me limitara el tiempo. Aunque solo tuviera una hora al día, me proponía darle buen uso. Comencé con cartulinas de 12,7 x 17,8 cm de color marrón claro y un rotulador. De ahí el mantra de «limitarse a hacer cosas sencillas».

En la escuela de arte tuve un profesor de diseño que decía: «Si algo no funciona en blanco y negro, el color no va a arreglarlo». Creo que esa afirmación es cierta y es también la razón por la que me encanta compartir mis ideas y procesos en este libro. Espero que el lector se divierta, y que sea capaz de hacer arte en su forma más simple y de ver cómo un sencillo ejercicio de calentamiento puede acabar convirtiéndose en una pieza artística que le apetezca colgar enmarcada en la pared de su casa.

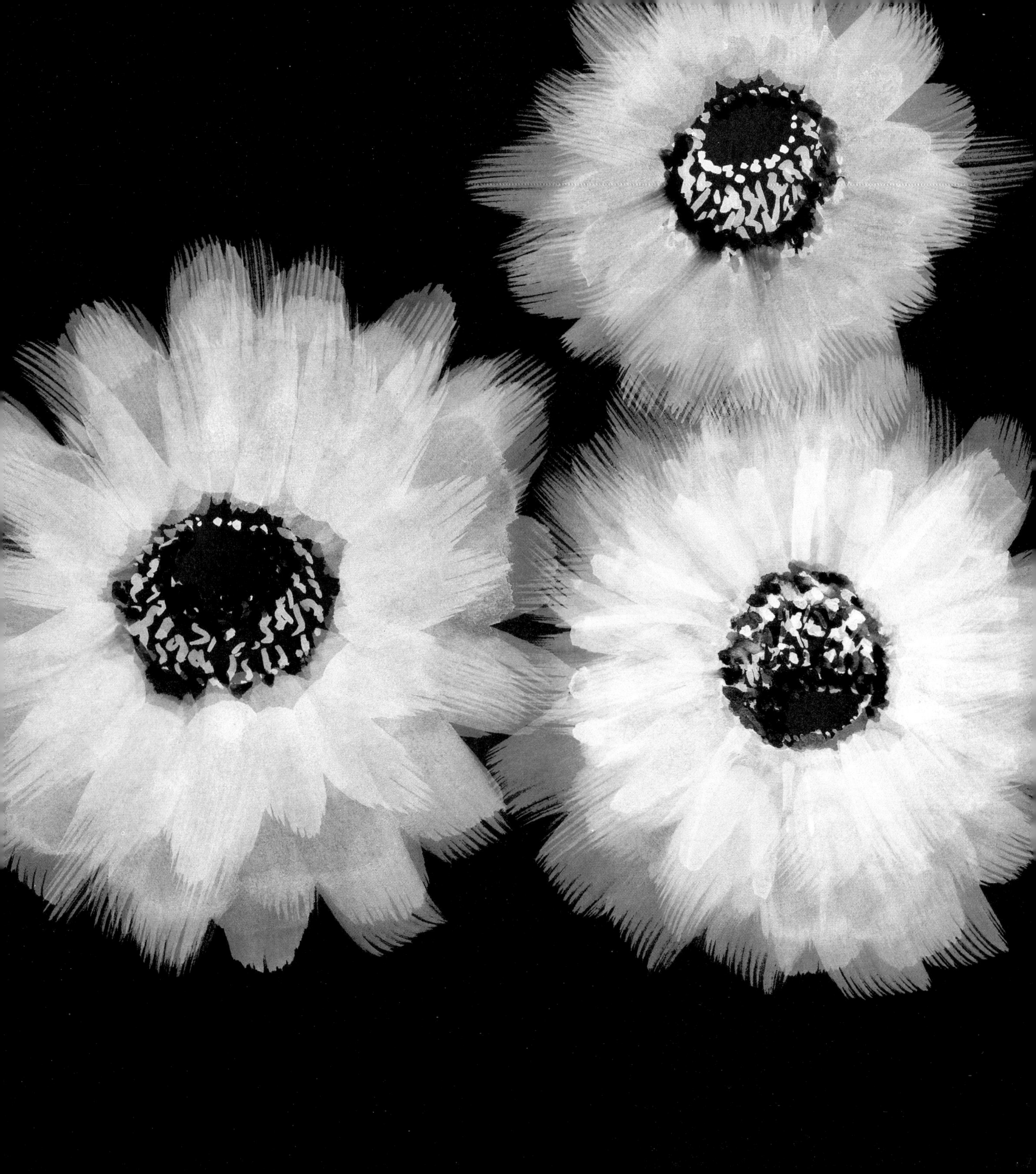

¿POR QUÉ TRABAJAR EN BLANCO Y NEGRO?

Cuando comience a dibujar y a experimentar con las formas y las líneas usando solo el blanco y el negro, se pondrán de manifiesto instantáneamente el contraste y la simplicidad. El blanco y el negro forman una paleta agradable y sobria que permite comunicar con rapidez el mensaje creativo. Los resultados son limpios y clásicos.

Una paleta limitada se presta a piezas artísticas bellas, sólidas y sofisticadas. Los fondos oscuros en negro o gris con motivos en blanco tienen mucha fuerza expresiva. La pintura o el rotulador blancos sobre un fondo de cartulina marrón claro aportan un toque moderno a la vez que rústico.

Para la mirada creativa es un descanso despojar las piezas de color y crear con menos. Este proceso devuelve la atención a los principios básicos de diseño, que son fundamentales, y amplía el proceso creativo.

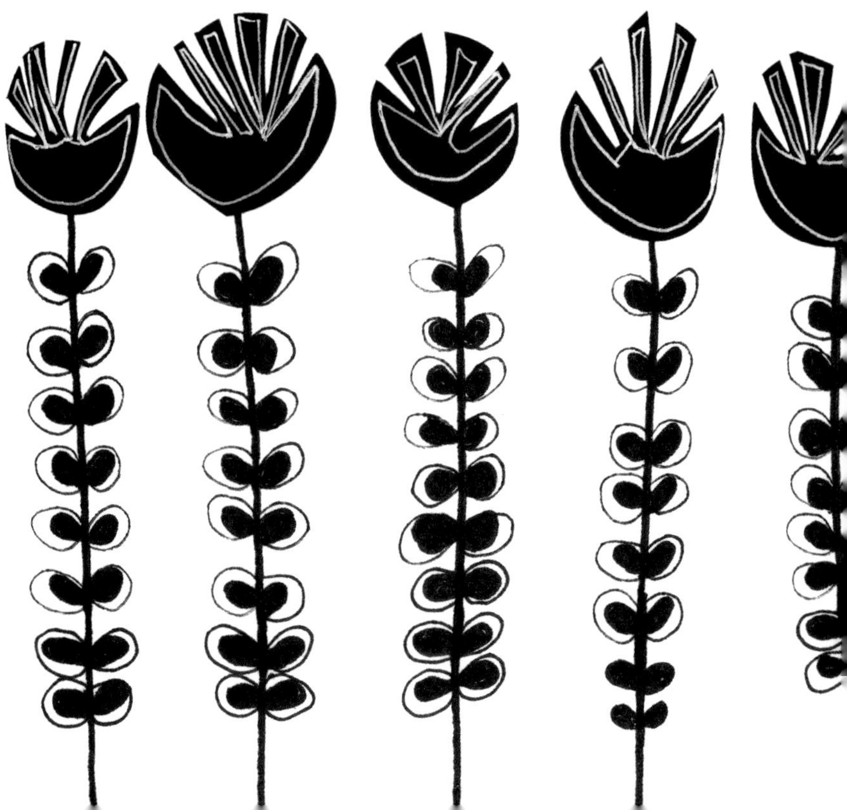

CÓMO UTILIZAR ESTE LIBRO

Cuando se crea arte, todo es posible con solo papel y rotuladores. No hace falta practicar o hacer bocetos primero. Se puede lanzar uno a crear. El lector encontrará, para empezar su viaje, dieciséis páginas de dibujo en gris, negro y marrón claro.

Pruebe con unos pocos ejercicios sencillos. Solo necesitará unos pocos utensilios para hacer brotar su creatividad. Utilice las hojas incluidas para empezar a explorar su modo de trazar y sombrear, la personalidad de su línea, su mano y su estilo. La clave es mantener una actitud relajada y no estar pensando que el uso de los materiales le resultará demasiado caro. Dibuje y pinte con libertad. Deje que sucedan accidentes, como gotas de pintura, garabateos o líneas equivocadas, pues podrían acabar resultando lo mejor de la pieza. Yo lo llamo diseñar por accidente.

Al principio quizá quiera copiar los diseños que ve en el libro, pero a medida que adquiera más experiencia y confianza, vaya imprimiendo a los ejercicios su propio estilo, utilice sus propias formas y sus propios trazos. Ahí será cuando empiece la magia.

Utilice este libro como base, como lugar donde puede dejar crecer sus ideas, liarse, cometer errores y crear obras maestras con confianza. Disfrute del proceso y sorpréndase del arte y la belleza que irá creando.

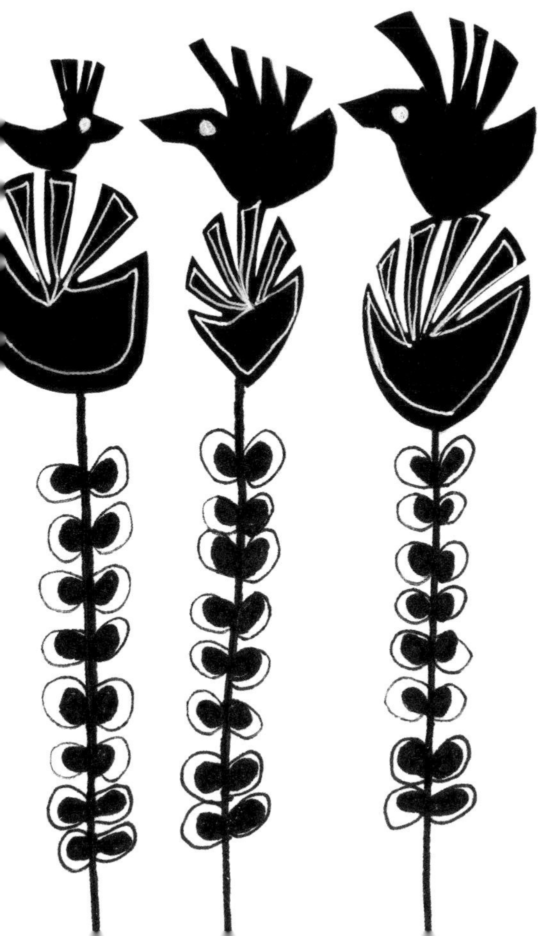

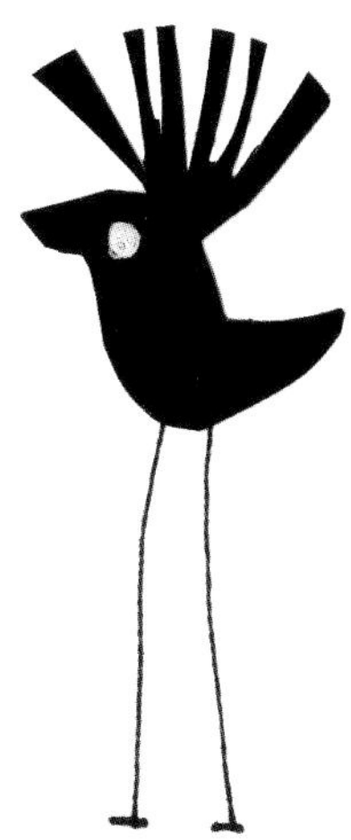

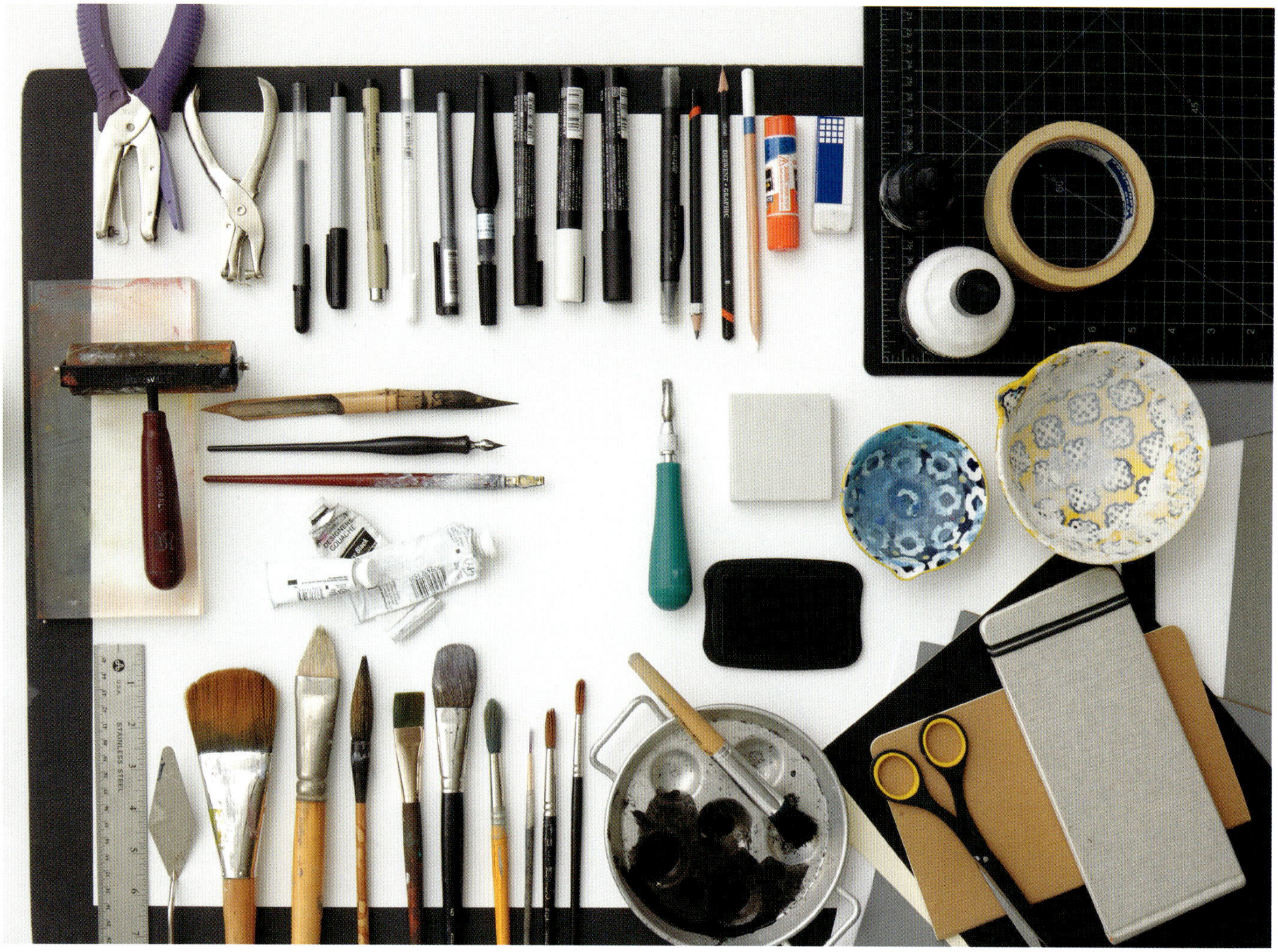

MATERIALES

Lo primero que debe hacer cuando comience a explorar este libro es familiarizarse con los materiales. Saque todos los utensilios y pruebe todos los rotuladores, pinceles y tipos de papel. Prepárese para dejarse enseñar cosas por ellos. Practique ejecutando trazos, sombreados y garabateos con cada rotulador. Haga lo mismo con los distintos papeles.

Luego repita este ejercicio usando un par de pinceles distintos y acuarela o *gouache*. Note el modo en que los utensilios se mueven por el papel y lo gruesos o finos que le salen los trazos. Por ejemplo, yo aprendí que, si no se marca tanto con el rotulador o el pincel, es más fácil trazar una línea recta y el trazo de un círculo queda más bonito.

¿QUÉ TIPO DE PAPEL USAR?

El papel se confecciona con fibras de pasta de celulosa o de algodón. Los papeles de menor calidad se fabrican con pasta de celulosa y los de mejor calidad, con fibras de algodón, que son más resistentes a la descomposición química que se produce con el tiempo. Muchos papeles de calidad media son una combinación de ambos.

Gran parte de los proyectos de este libro pueden ejecutarse en distintos tipos de papel. Si solo tiene papel de impresora a mano, le servirá. Sin embargo, lo ideal sería conseguir cartulinas y algún papel de gramaje medio o alto para dibujar y, sobre todo, para los ejercicios donde se vaya a utilizar pintura. Notará que el trazo varía en función de las superficies donde lo realice. Sus piezas merecen que las ejecute sobre una buena base y es posible que disfrute más si utiliza papeles de buena calidad.

PAPEL DE IMPRESORA. Es un papel de gramaje normal que resulta fantástico para borrador, para comprobar cómo queda una impresión, para trabajar con líneas o para dibujar.

PAPEL DE DIBUJO. Suele fabricarse con parte de pasta de celulosa y parte de pasta de papel y tiene un poco más de gramaje que el de impresora. Se encuentra en blanco, negro y otros tonos neutros, como marrones claros y grises.

CARTULINA. Es de mayor grosor y resistencia que el papel de impresora. Resulta fácil cortarla y trabajar con ella, y tiene una superficie lisa, muy buena para dibujar.

PAPEL PARA RECORTAR. Ofrece superficies lisas y texturadas para dibujar y se encuentra en gramajes apropiados para realizar estampaciones y pintar con aguada.

PAPEL CARTÓN. Un complemento genial para el dibujo de líneas o la pintura en blanco y negro. Aporta una belleza rústica.

Guarde **PAPEL DE BORRADOR, TROZOS QUE LE SOBREN DE LOS PROYECTOS Y BOLSAS DE PAPEL.** Úselo para hacer pruebas con trazos lineales o pinceladas y para eliminar el exceso de material de los pinceles antes de acometer un estarcido. Utilice siempre papel de borrador para mantener la fluidez del trabajo y del utensilio de pintura, y practique un poco garabateando antes de comenzar los ejercicios.

PAPEL PARA CONSERVACIÓN. Es el papel sin ácido de la mejor calidad. Úselo para una obra que quiera que dure mucho tiempo.

PAPEL PARA ACUARELA. Es absorbente y el mejor para los medios húmedos. Está disponible en distintos gramajes y en tres acabados: rugoso o texturado, prensado en frío y prensado en caliente. La mayoría de los artistas prefieren el acabado rugoso o el prensado en frío para las acuarelas transparentes porque la textura ayuda a controlar la pintura. El acabado más liso del prensado en caliente es deseable para acuarelas opacas, para trabajos de pintura más detallada o para estampaciones y dibujo.

PAPEL BRISTOL. Es un papel de buena calidad y gramaje alto, similar a la cartulina y de acabado liso, apropiado para realizar estampaciones y trabajo lineal. Lo normal es que no contenga ácido y se encuentra en blanco, negro y colores diversos.

PAPELES Y CARTULINAS MIXTOS. Se trata de papel corriente con imprimación que acepta casi cualquier tipo de medio. Sirve para pintura al agua, tinta, aguada y mucho más.

DECIDA LO QUE MÁS LE CONVENGA

Pruebe distintos papeles para ver cuál es mejor para usted. A mí me gusta la suavidad de la cartulina para el trabajo lineal y las estampaciones planas y uniformes con tinta. Para pintar, me gusta la robustez y la naturaleza absorbente del papel de mayor gramaje o del papel para acuarela. Los papeles o cartulinas mixtos o el papel Bristol sirven para ambos propósitos. La cartulina es fantástica para el trabajo de *collage*, cortar y pegar.

Los papeles más finos funcionan bien para los bocetos a lápiz, o rotulador, así como para estampaciones. Me gusta el tacto de la cartulina y el hecho de que puedo dibujar o pintar en ella sin preocuparme del coste.

PINTURAS Y TINTAS

TINTA CHINA. Es la tinta negra simple que se utiliza para dibujar con los pinceles de sumi-e o con rotuladores o plumas de caligrafía.

TINTA ACRÍLICA. Es resistente al agua, se seca rápido y fluye bien. Se puede usar también para estampación. Tiene un brillo traslúcido cuando se seca.

TINTA PARA ESTAMPACIÓN. Es una tinta al agua de textura densa que se seca rápidamente y se utiliza para la estampación con sellos de linóleo y caucho.

ALMOHADILLAS DE TINTA CON PIGMENTOS. Se utilizan para estampar en papel diseños tallados en sellos. El pigmento, denso y de color vivo, se seca sobre el papel en lugar de ser absorbido, pero tarda más tiempo en secarse que las tintas al agua.

GOUACHE. Es una acuarela opaca con un acabado aterciopelado. Tiene una consistencia cremosa cuando se mezcla y no es resistente al agua. He trabajado con este medio a lo largo de toda mi carrera creativa y es, con mucho, mi favorito. Es flexible y versátil y también se seca bien. Si se seca en la paleta, se puede recuperar con una gota de agua, así que no se malgasta. Los colores más oscuros se quedan más claros al secarse; lo contrario ocurre con los más claros. Una nota: el *gouache* puede agrietarse cuando se seca, así que no doble o enrolle las piezas creadas con este medio; guárdelas en plano.

ROTULADORES, LÁPICES Y PINCELES

ROTULADORES DE CALIGRAFÍA. Se les pueden poner puntas diversas que ofrecen líneas de distintos grosores. Son un utensilio excelente para realizar sombreados. Me encanta mi pluma de caligrafía *vintage*; siento que tiene historia.

ROTULADORES CON MICROPIGMENTOS RESISTENTES AL AGUA. Son rotuladores resistentes al agua de calidad superior. Resultan geniales para dibujar, no se corren y se pueden encontrar con gran variedad de puntas.

ROTULADORES PERMANENTES. Son resistentes al agua, pero a veces se pueden correr un poco y se encuentran con gran variedad de puntas.

ROTULADORES DE PINTURA. Estos rotuladores son de tinta al agua opaca que, al secarse, dejan un acabado mate.

ROTULADORES DE GEL. Rotuladores de tinta con punta en forma de bola para detalles.

ROTULADORES CON PUNTA DE PINCEL. Crean un efecto de pincel y acuarela debido al control del flujo desde el depósito a la punta, y se pueden utilizar con tinta o con pintura. Son fáciles de manejar y transportables.

LÁPICES. Se encuentran con minas blandas y duras para dibujar y sombrear.

PINCELES. Se encuentran de distintos tamaños y formas. En este libro utilizaremos uno redondo, uno de punta redonda, uno plano y uno tipo mopa para nuestros ejercicios. A mí me gusta utilizar pinceles de marta. Utilice siempre pinceles económicos para mezclar la pintura.

PINCELES DE SUMI-E. Se utilizan para el dibujo y la caligrafía chinos y se pueden emplear con tinta o *gouache*. Para mí, trabajar con pincel de sumi-e es algo mágico. Me encanta aplicar la pintura con pinceladas expresivas sobre el papel para crear belleza al escribir. La magia radica en que con la punta del pincel se pueden crear líneas gruesas y finas en el mismo trazo.

CEPILLOS ARTÍSTICOS. Se utilizan para limpiar las superficies de trabajo de los restos de goma de borrar, los recortes de papel y los restos que caen al tallar el caucho.

ROTULADORES

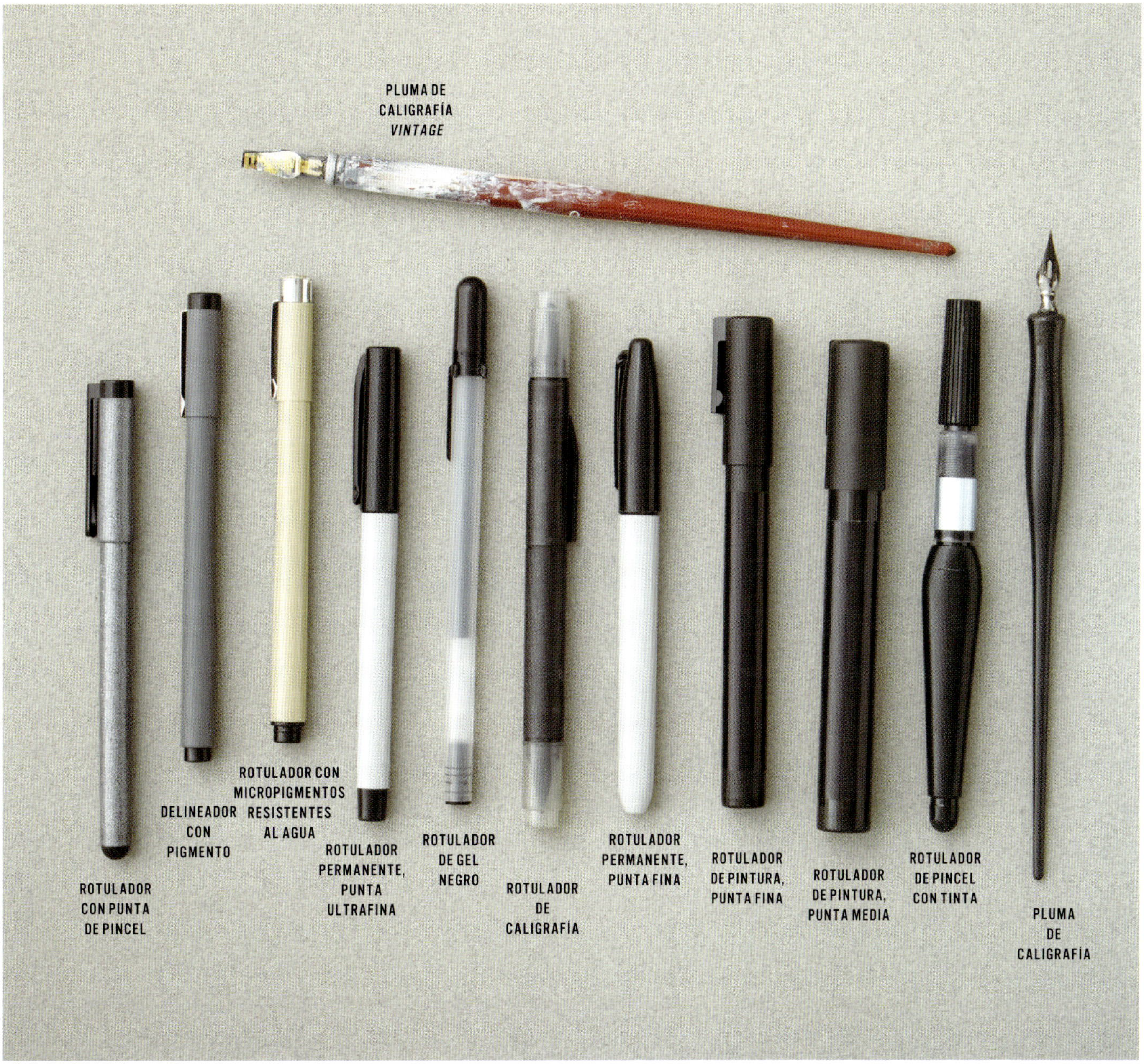

UTENSILIOS PARA ESTAMPACIÓN CON SELLOS

SELLOS DE CAUCHO. Se encuentran en blanco, gris o rosa, similares a los colores de las gomas de borrar. Son blandos y ofrecen un corte más liso. Prefiero los sellos blancos y gruesos, que son más fáciles de manejar y menos propensos a partirse.

SELLOS DE LINÓLEO. Proporcionan una superficie más dura y son mejores para el trabajo de detalle.

CUCHILLA PARA LINÓLEO CON PUNTA INTERCAMBIABLE. Sirve para tallar los bloques de caucho o linóleo. Las puntas 1 y 2 son para las líneas finas; las 3 y 4, para las medias, y la 5 para retirar piezas grandes. Se pueden encontrar cuchillas con mangos de madera y puntas que se montan individualmente.

RODILLOS. Se encuentran de caucho o de espuma y se utilizan para aplicar la pintura a los bloques tallados, para hacer estarcidos o para mezclar pintura. Yo utilizo los de caucho para calentar la pintura aplicándola sobre una pieza de plexiglás, para estarcidos y para ejercicios de estampación con sellos.

PLEXIGLÁS. Las planchas de plexiglás pueden servir de paleta de pintura y son también perfectas para distribuir la presión de manera uniforme sobre los sellos al realizar una estampación.

HUESO PLEGADOR. Se utiliza por el lado del revés de un dibujo para transferir la imagen a un sello. También se puede usar una cuchara de madera.

LÁPICES DE MINA BLANDA. Son para dibujar en los sellos de caucho o transferir dibujos con papel de calco creando básicamente la propia hoja de papel carbón.

PAPEL DE CALCO. Se utiliza para dibujar y transferir diseños a los sellos de caucho. Recuerde que la imagen que se talla en el sello de caucho se imprimirá al revés. También se puede utilizar papel carbón.

OTROS UTENSILIOS

PALETAS. Proporcionan una superficie para mezclar la pintura y contenerla mientras se crea. Se encuentran en distintas formas, diseños y materiales, como metal o acrílico, así que busque la que más se adecue a sus necesidades. Algunas pinturas necesitan receptáculos convexos para la mezcla, por lo que, en este caso, puede ser buena opción utilizar cuencos pequeños de cerámica o adquirir una paleta de metal o de plástico que tenga este tipo de formas. Utilice platos viejos, cuencos de salsa de soja o cuencos de cerámica pequeños con acanaladuras para dejar los pinceles como yo hago.

CINTA DE CARROCERO. Esta cinta se adhiere bien, pero se puede retirar y volver a colocar sin dañar el papel.

TIJERAS. Se utilizan para labores de corte.

CÚTER O CUCHILLA DE MANUALIDADES. Se utiliza para cortar bordes y formas de manera precisa.

PLANCHAS DE CORTE. Protegen las superficies y no se rayan. Las líneas de guía que llevan impresas son una gran ayuda para cortar estarcidos y bloques de caucho.

REGLA DE METAL. Sirve para medir y también para utilizar su lado recto como apoyo al cortar con el cúter.

REGLA DE PLÁSTICO TRANSPARENTE. Se utiliza para medir y para pasar líneas a tinta.

ESPÁTULA DE METAL. Sirve de ayuda para mezclar pintura y aplicarla en la paleta. También se puede usar un cuchillo, una cuchara de plástico o un palo de polo.

PAPEL DE PERIÓDICO O LÁMINA GRANDE DE PAPEL CARTÓN. Se utiliza para cubrir las superficies de trabajo.

COLA O GEL ADHESIVO. Se utiliza para pegar las piezas de los *collages*.

PLUMA DE CALIGRAFÍA *VINTAGE*

PLUMA DE CALIGRAFÍA

ROTULADOR DE PINTURA, PUNTA MEDIA

ROTULADOR DE PINTURA, PUNTA FINA

ROTULADOR DE PINCEL CON TINTA

ROTULADOR CON PUNTA DE PINCEL

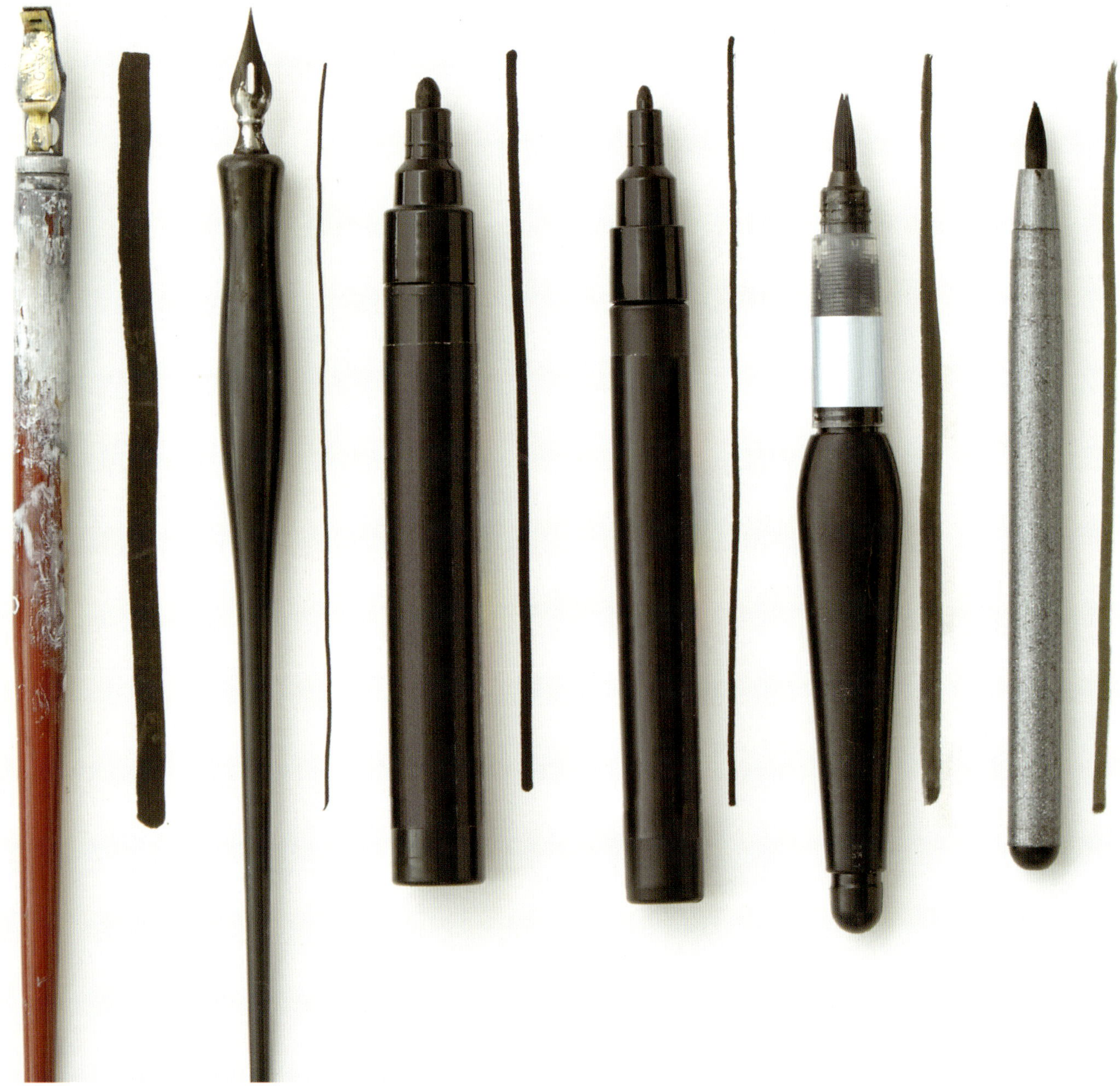

DELINEADOR CON PIGMENTO

ROTULADOR CON MICROPIGMENTOS RESISTENTES AL AGUA

ROTULADOR PERMANENTE, PUNTA ULTRAFINA

ROTULADOR DE GEL

ROTULADOR DE CALIGRAFÍA

ROTULADOR PERMANENTE, PUNTA FINA

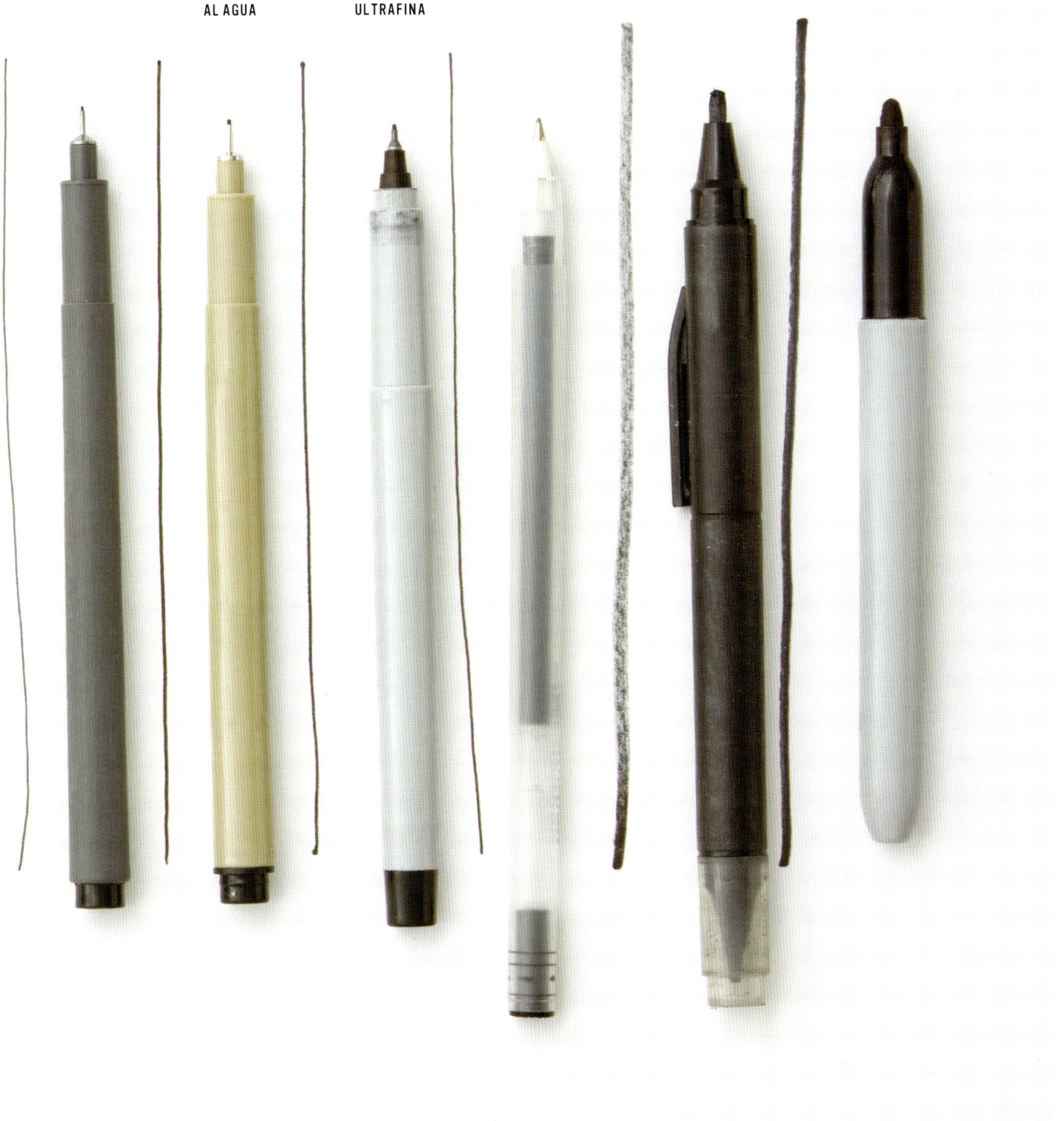

MATERIALES

- Música
- Papel blanco para bocetos
- Rotulador o lápiz
- Cronómetro (opcional)

Ejercicio 1:

CALENTAMIENTO

HAGA CALENTAMIENTO CON LÍNEAS Y FORMAS LIBRES PARA QUE FLUYA SU CREATIVIDAD MIENTRAS SE PREPARA PARA EMBARCARSE EN OTROS PROYECTOS. YO UTILIZO UN CRONÓMETRO PARA MEDIR EL TIEMPO DE MIS EJERCICIOS. SI USTED LO HACE TAMBIÉN, EVITARÁ PENSAR O ESTUDIAR EL DISEÑO MÁS DE LA CUENTA. LA LIMITACIÓN TEMPORAL LE OBLIGARÁ A CENTRARSE EN LO MÁS IMPORTANTE DE LA REPRESENTACIÓN VISUAL. LE SUGIERO UN MINUTO PARA EMPEZAR. ¡ATRÉVASE DESPUÉS CON TREINTA SEGUNDOS! CONVIERTA ESTE EJERCICIO EN UNA RUTINA QUE PRACTIQUE TODAS LAS MAÑANAS. A MI HIJO PEQUEÑO LE ENCANTA: ES UN MODO FÁCIL DE HACER ARTE CON LOS NIÑOS SIN DESORDENAR DEMASIADO.

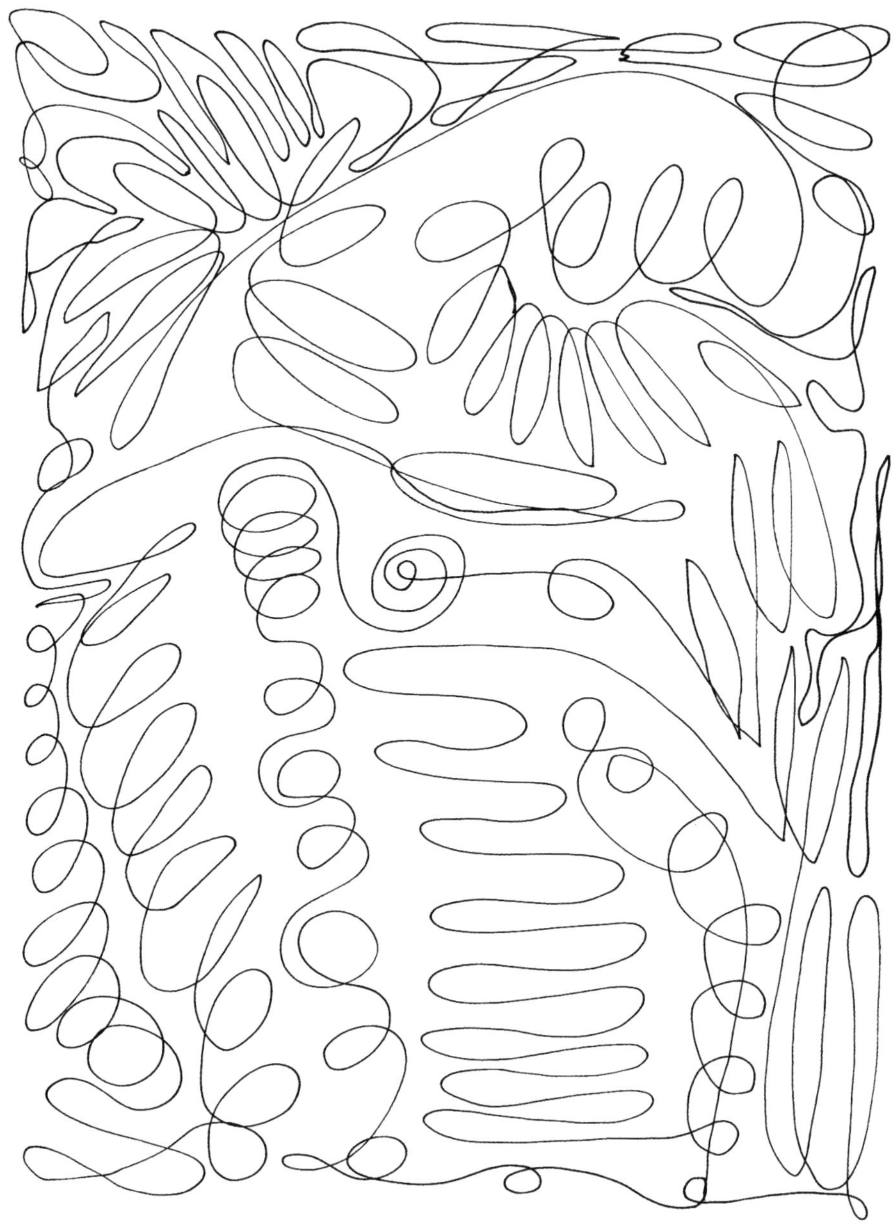

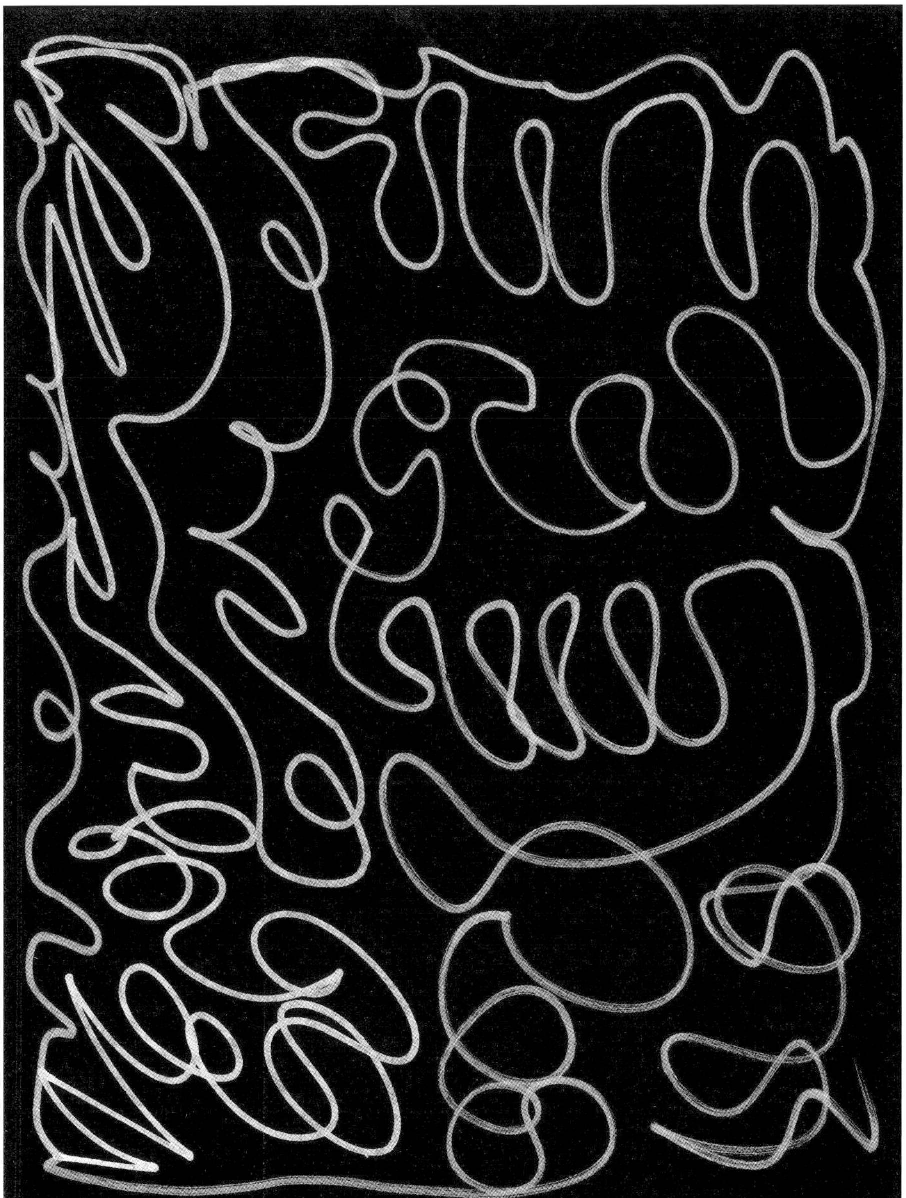

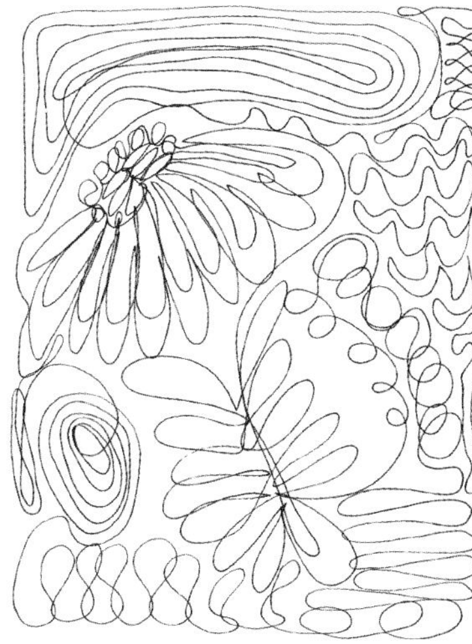

1. Ponga música.

2. Prepare el papel.

3. Aplique la punta del rotulador o el lápiz sobre el papel y, sin levantarla, cubra toda la página con líneas, círculos, garabatos o ángulos.

4. Deje que la mano fluya. Levántese y aplique el peso del cuerpo.

5. Deje que las líneas sean libres y sueltas, que se superpongan y diviértase.

Ejercicio 2:

DIBUJO GESTUAL

EN ESTE EJERCICIO, DIBUJE CON ABANDONO Y CAPTE RÁPIDAMENTE LA ESENCIA DEL TEMA. EL DIBUJO GESTUAL SE HA ASOCIADO SIEMPRE CON EL RETRATO, PERO A MÍ ME GUSTA TAMBIÉN APLICARLO AL DIBUJO DE OBJETOS O DE ARQUITECTURA. EN ESTE EJERCICIO NO HAY OPORTUNIDAD PARA PENSAR DE MÁS. ES SUMAMENTE LIBERADOR. ME ENCANTA ESA SENSACIÓN DE ESBOZAR CON PASIÓN, EMOCIÓN Y MOVIMIENTO.

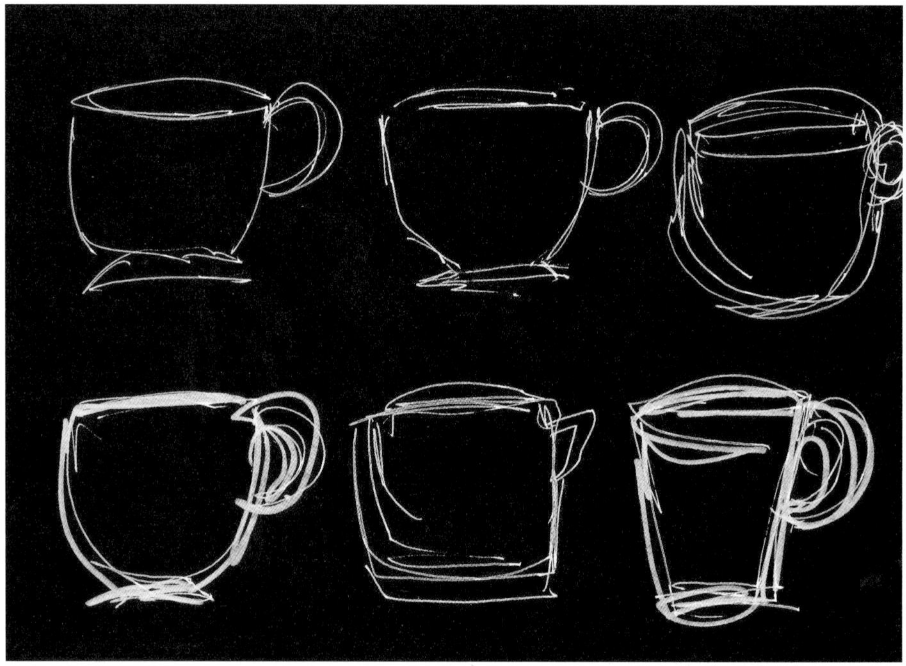

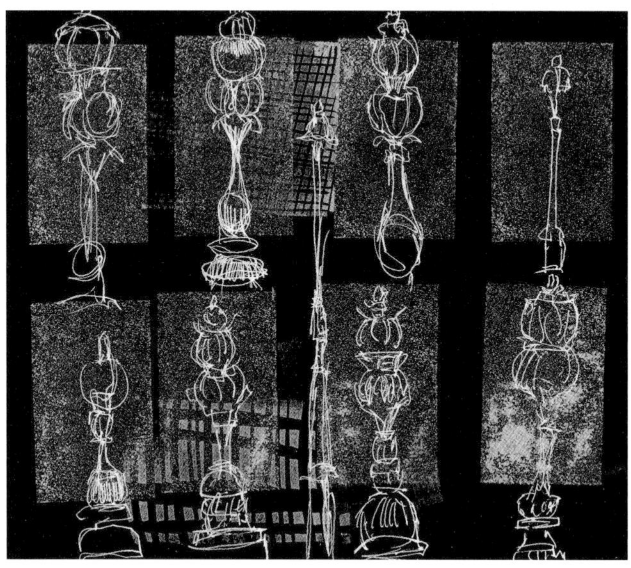

MATERIALES

- Cronómetro (opcional)
- Utensilio de dibujo a elegir
- Papel para bocetos, papel de impresora o bolsa de papel
- Papel cartón o cartulina

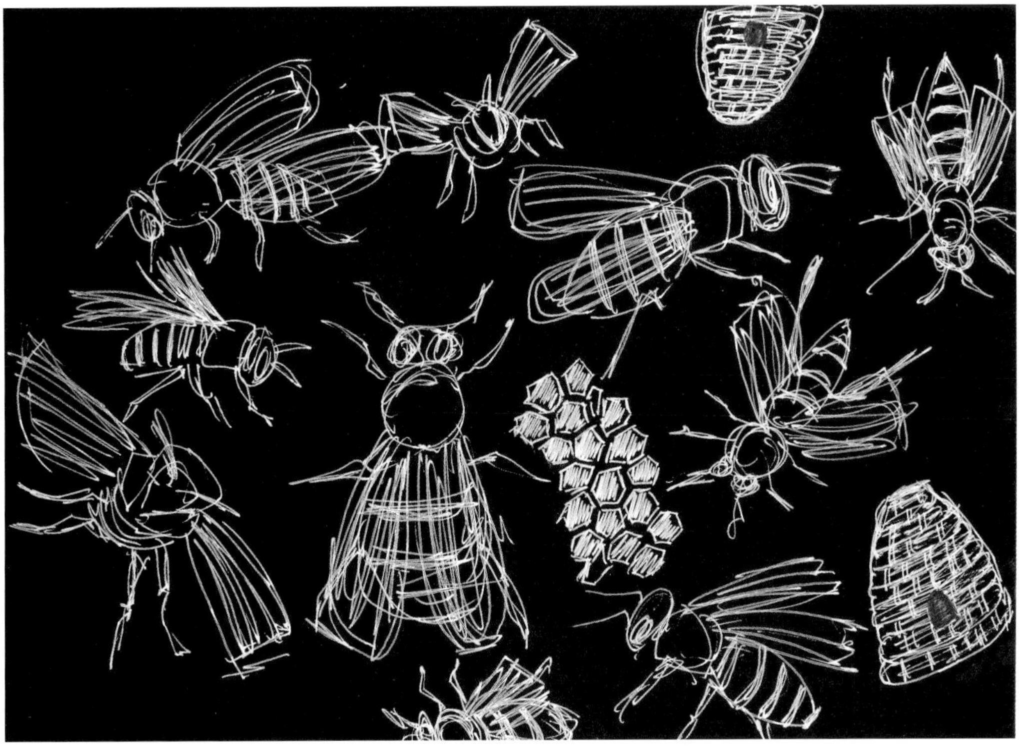

1. Prefiero estar de pie y tener la libreta apoyada en ángulo: me permite tener la mano más suelta cuando dibujo gestualmente. Coloque los materiales de dibujo y los objetos de referencia de un modo que le resulte cómodo.

2. Programe el cronómetro para entre 20 y 60 segundos por objeto (esto es opcional). Estudie rápido el objeto y dibújelo también rápido. A medida que siga la forma del objeto, la mano irá captando la esencia de lo que ve. El dibujo no deberá ser perfecto ni realista. Ejecute los trazos con intención y decisión.

3. Usando entre cinco y diez hojas de papel para bocetos, haga bosquejos individuales de cada objeto.

4. Cuando acabe con los bocetos individuales, dibuje entre cinco y diez de sus favoritos en una hoja de papel cartón para crear una pieza final.

5. El dibujo tendrá personalidad en sus líneas y curvas. Podrá verlo mientras se desplaza rápidamente arriba, abajo y por toda la página. Piense en el dibujo gestual como en un cuento corto en lugar de como en una novela.

Ejercicio 3:

DIBUJO SIMÉTRICO A DOS MANOS

EN ESTE EJERCICIO, DIBUJARÁ DE UN MODO LIBRE CON LAS DOS MANOS SIMULTÁNEAMENTE EN UNA HOJA DE PAPEL. AL PRINCIPIO LE PODRÍA PARECER POCO CÓMODO, PERO SUÉLTESE Y DIVIÉRTASE. SE SORPRENDERÁ DE LO QUE PUEDE HACER SU MANO NO DOMINANTE CUANDO NO PIENSA MÁS DE LA CUENTA.

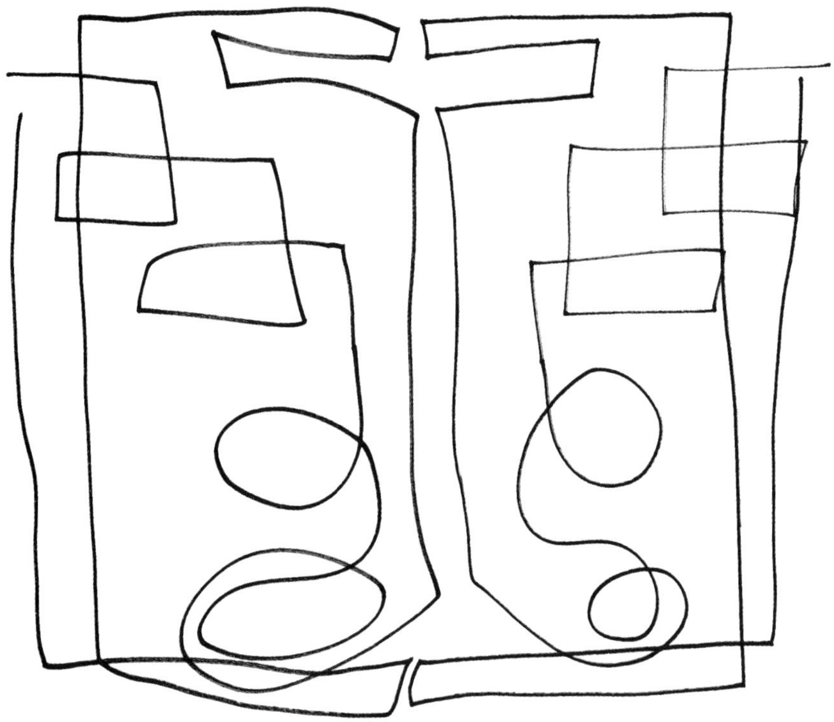

1. Es mejor estar de pie para este ejercicio. Pegue la hoja a la superficie de trabajo para que no se mueva.

2. Coja un rotulador o un lápiz en cada mano y aplíquelos sobre el papel. Empiece en cualquier lugar de la hoja.

3. Sin levantar el rotulador, mueva las dos manos a la vez en direcciones opuestas para dibujar formas libres simétricas.

4. Llene la hoja de líneas, círculos, garabatos o lo que quiera.

MATERIALES

Cinta adhesiva

Papel blanco
para bocetos

2 rotuladores o lápices

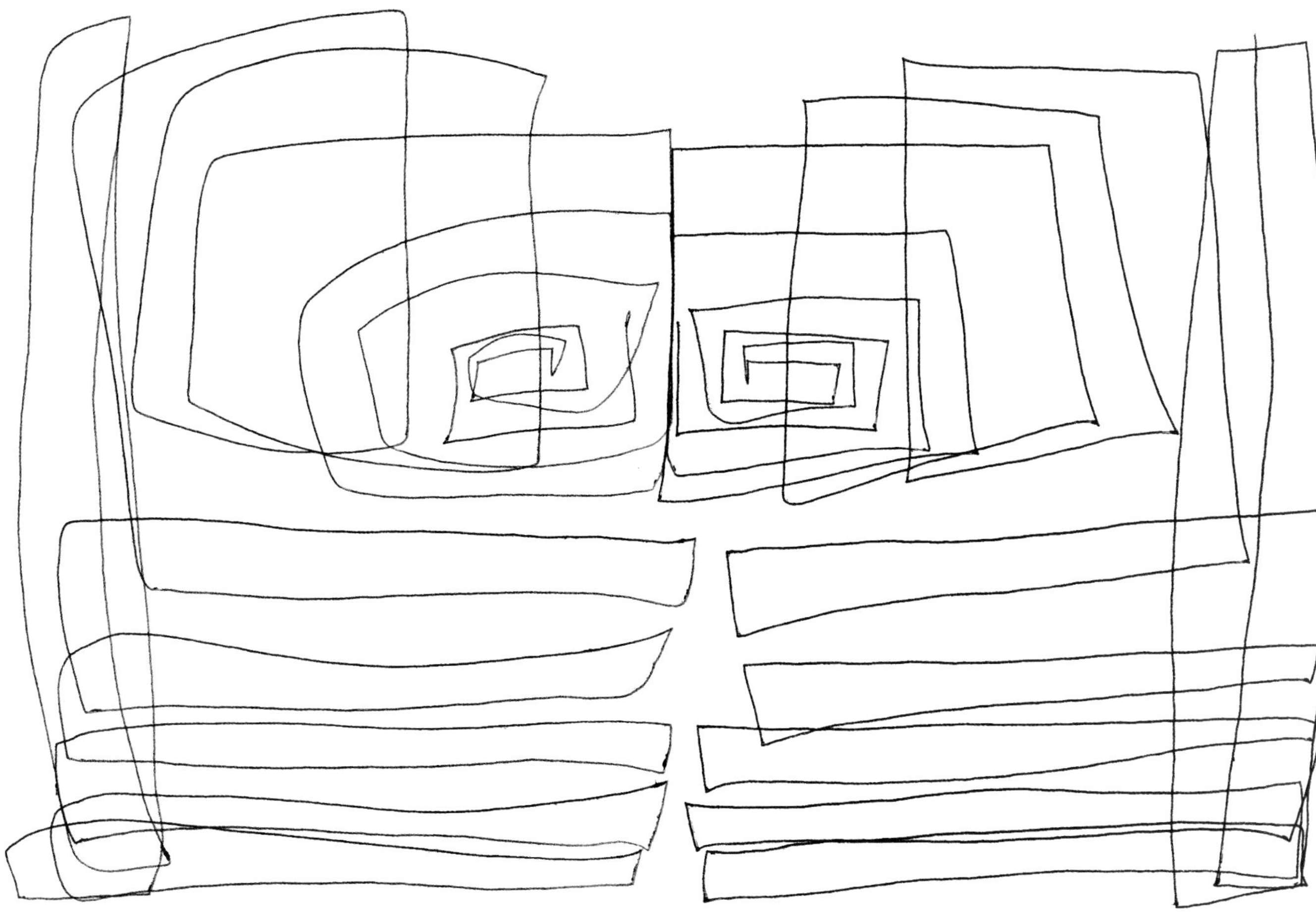

MATERIALES

- Música
- Papel blanco para bocetos
- Lápiz o rotulador

Ejercicio 4:

SEGUIR LA LÍNEA

EN ESTE EJERCICIO, CREARÁ UNA PIEZA CON RITMO Y FLUIDEZ VISUAL. LAS LÍNEAS SIEMPRE SE DIBUJAN EN PARALELO. SE TRATA DE UN EJERCICIO DE MEDITACIÓN EXCELENTE QUE LE AYUDARÁ A CENTRARSE.

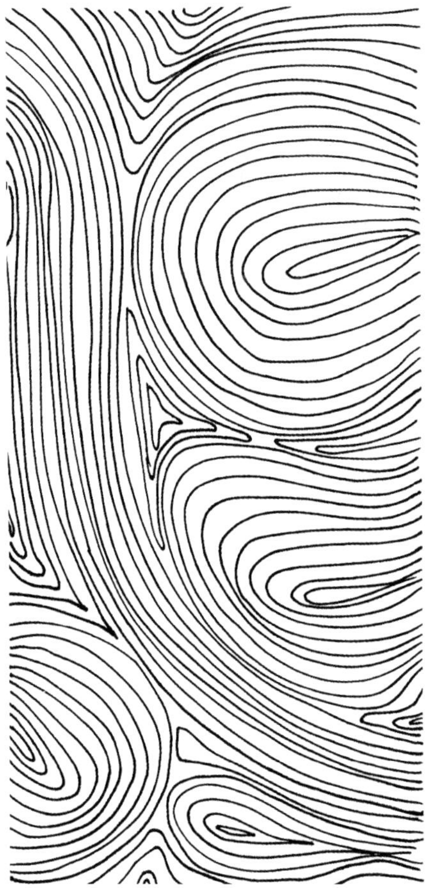

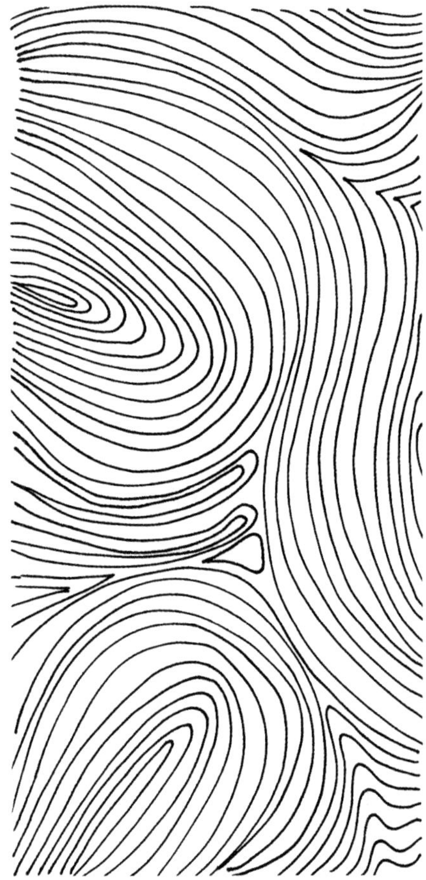

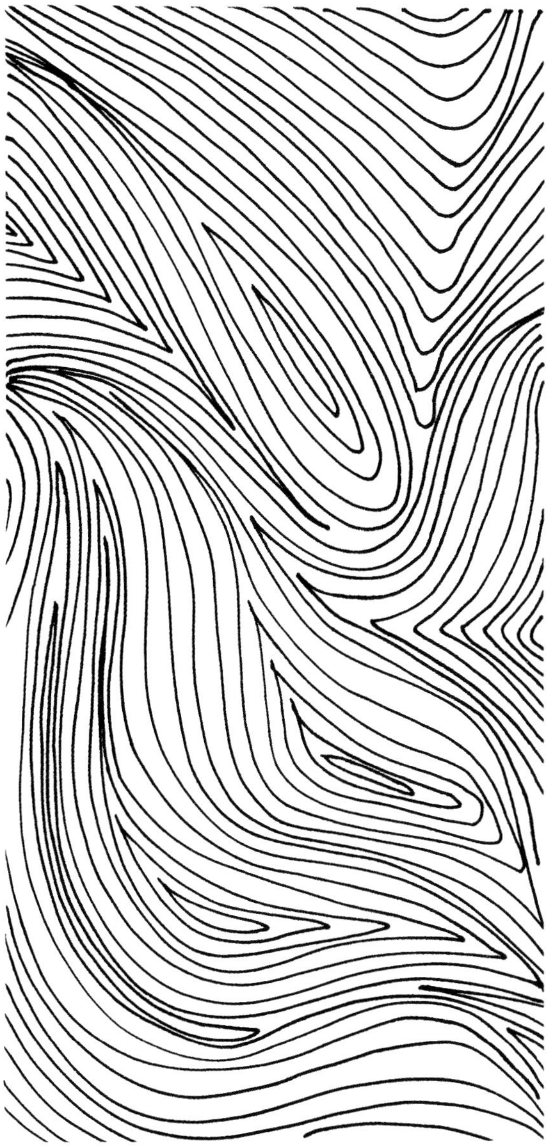

1. Ponga música.

2. Prepare el papel para bocetos. Si lo desea, puede parar y empezar nuevos dibujos.

3. Aplique el lápiz o el rotulador en el papel y dibuje una línea curva. Empiece y deténgase donde desee.

4. Dibuje otra línea, paralela a la primera, siguiendo la misma dirección, y luego dibuje otra línea paralela a la anterior.

5. Dibuje en cualquier dirección. La clave está en no entrecruzar ni superponer líneas. Llene toda la página.

6. Pruebe a ejecutar este ejercicio con pintura. Compruebe si puede aplicar la misma disciplina (*véase* la figura A).

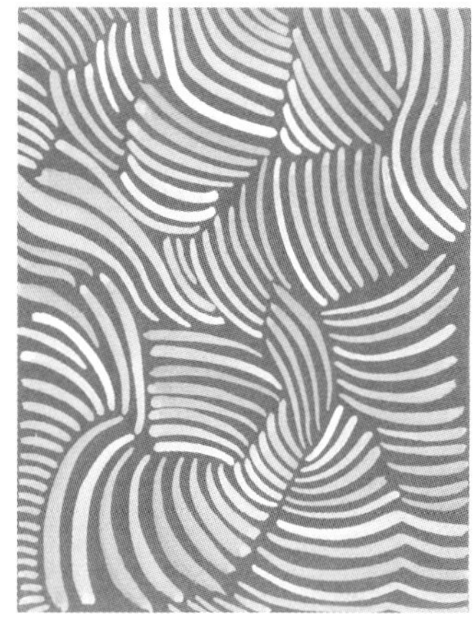

A

MATERIALES

Cartulina fina o gruesa de color negro, gris o marrón claro

Rotuladores de gel o permanentes de color blanco y negro

Ejercicio 5:

DIBUJO DE CONTORNOS CON UNA LÍNEA CONTINUA

EN ESTE EJERCICIO DIBUJE EL TEMA, QUE PUEDE SER UNA ESCENA URBANA O NATURAL, UNA SILLA DE LA SALA DE ESTAR O INCLUSO ALGO DE SU IMAGINACIÓN, CON UNA SOLA LÍNEA CONTINUA. EN LOS EJEMPLOS HE UTILIZADO UNA CALLE DE ÁMSTERDAM Y ÁRBOLES DE UN BOSQUE IMAGINARIO.

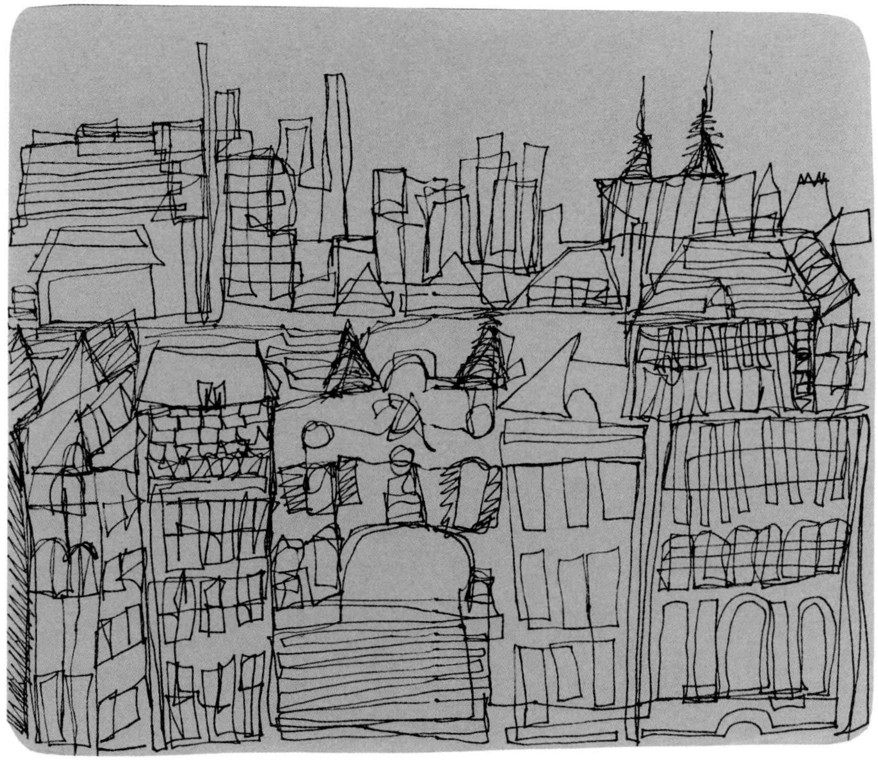

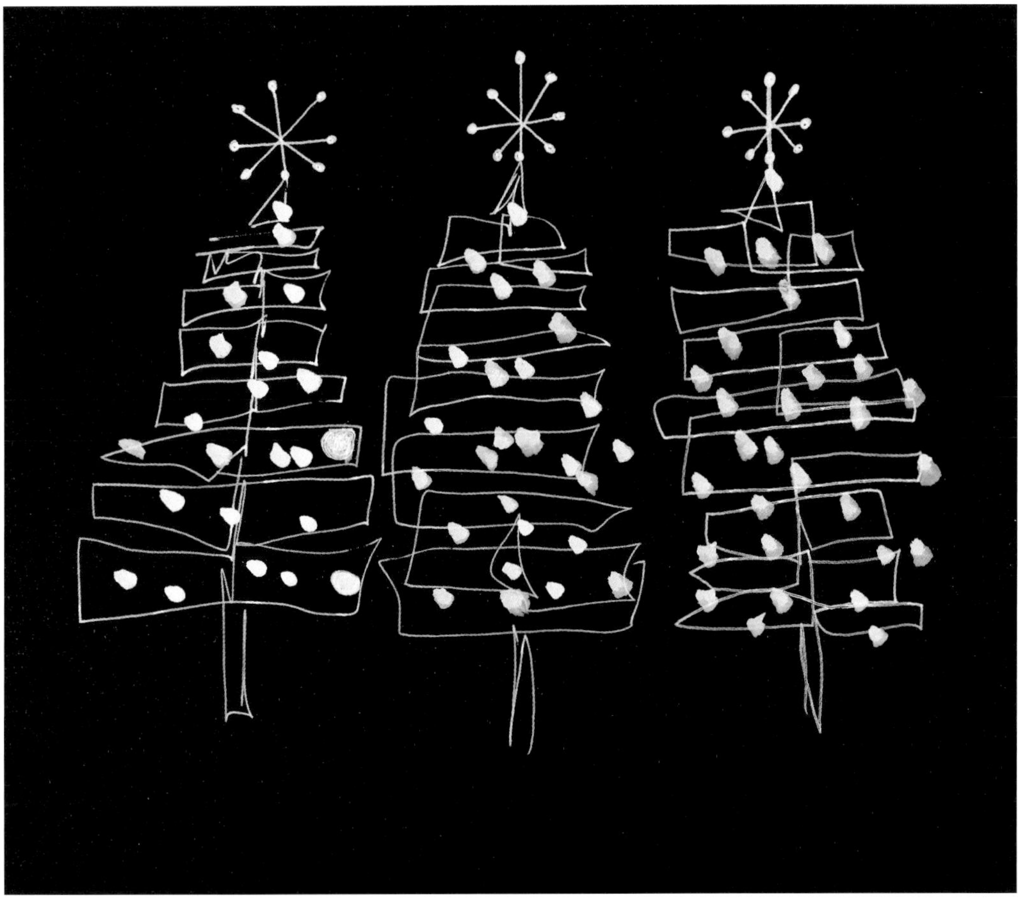

1. Busque materiales de referencia de los alrededores de su casa, fotos de revistas o de internet.

2. Prepare los materiales de dibujo.

3. Dibuje lo que vea sin levantar el lápiz. Puede superponer las líneas, dibujar detalles y sombrear, siempre sin romper la continuidad de la línea. La mano encontrará un ritmo natural mientras la mueve por la hoja.

Ejercicio 6:

DIBUJO DE CONTORNOS A CIEGAS

EN ESTE EJERCICIO, EL LÁPIZ NUNCA SE LEVANTA DEL PAPEL Y LOS OJOS NO SE MUEVEN DE LA REFERENCIA, QUE PUEDE SER UN BODEGÓN CON OBJETOS DE SU MESA, LA CARA DE UNA PERSONA O ELEMENTOS ARQUITECTÓNICOS, COMO EN MI EJEMPLO. ESTE MÉTODO LE AYUDA REALMENTE A «VER» EL OBJETO QUE DIBUJA CON PLENA CONCENTRACIÓN.

1. Seleccione los materiales de referencia de su mesa de trabajo, de libros de viajes o en internet.

2. Prepare los materiales de dibujo.

3. Estudie la referencia durante un minuto para familiarizarse con lo que ve. Ponga el lápiz en el papel sin mirar hacia abajo. Durante un minuto, dibuje lo que ve sin levantar el lápiz ni mirar abajo. Utilice un cronómetro. ¡Se sorprenderá de lo largo que le parece un minuto!

MATERIALES

- Cartulina fina o gruesa de color negro, gris o marrón claro
- Rotuladores de gel o permanentes de color negro y blanco
- Cronómetro (opcional)

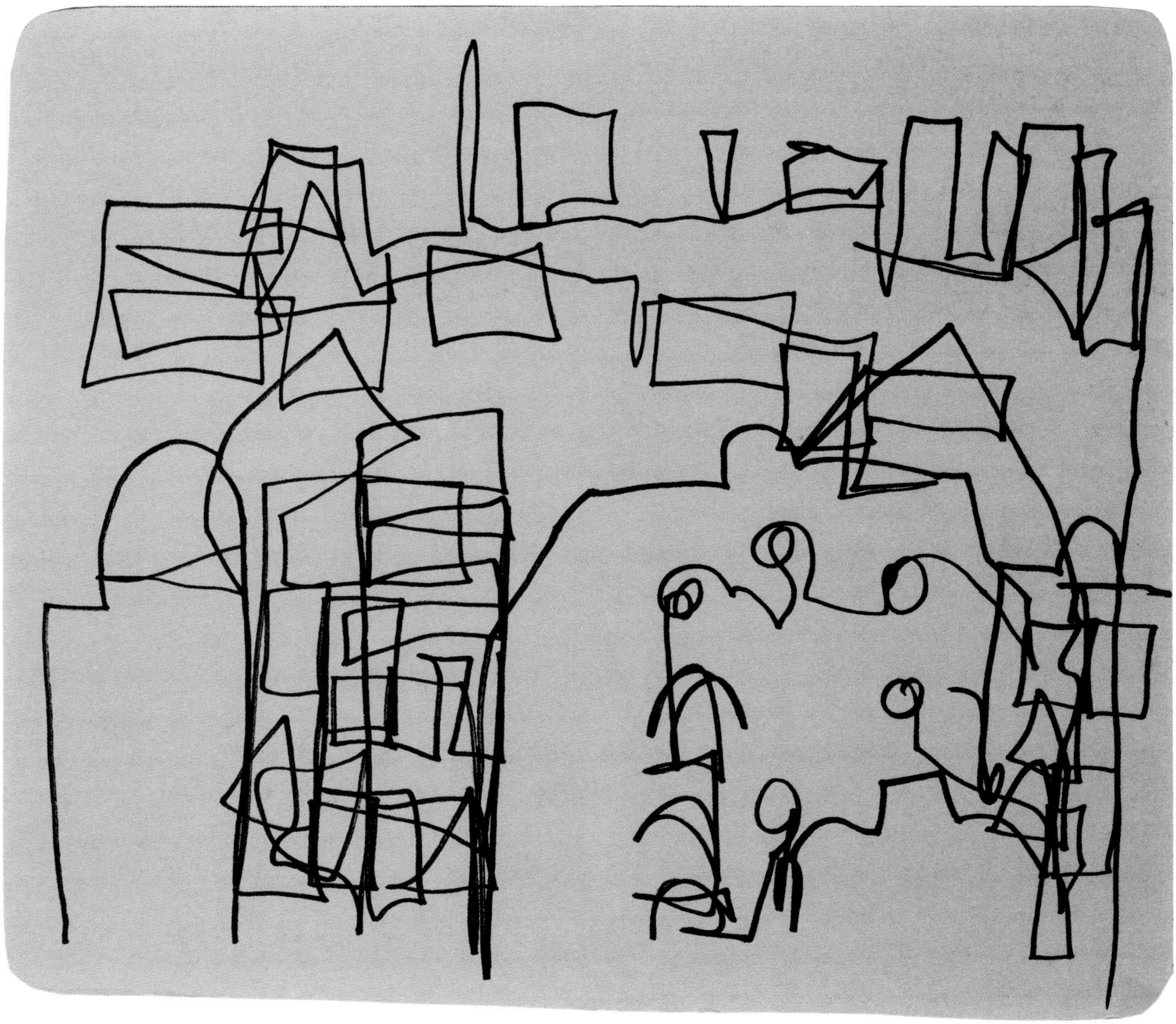

MATERIALES

- Cartulina negra gruesa
- Rotulador de gel blanco

Ejercicio 7:

DIBUJOS CON LÍNEA CONTINUA DE UTENSILIOS DE COCINA

LA COCINA ESTÁ LLENA DE IDEAS DIVERTIDAS PARA HACER BOCETOS: LOZA, VASOS, UTENSILIOS. ELIJA OBJETOS CON FORMAS INTERESANTES PARA ESTE EJERCICIO, COMO CUENCOS APILADOS, UNA JARRA SINUOSA O UN CONJUNTO DE UTENSILIOS, COMO LOS DEL EJEMPLO. CADA OBJETO SE DIBUJA CON UNA LÍNEA CONTINUA, LO QUE DA AL RESULTADO FINAL UN ASPECTO CARACTERÍSTICO.

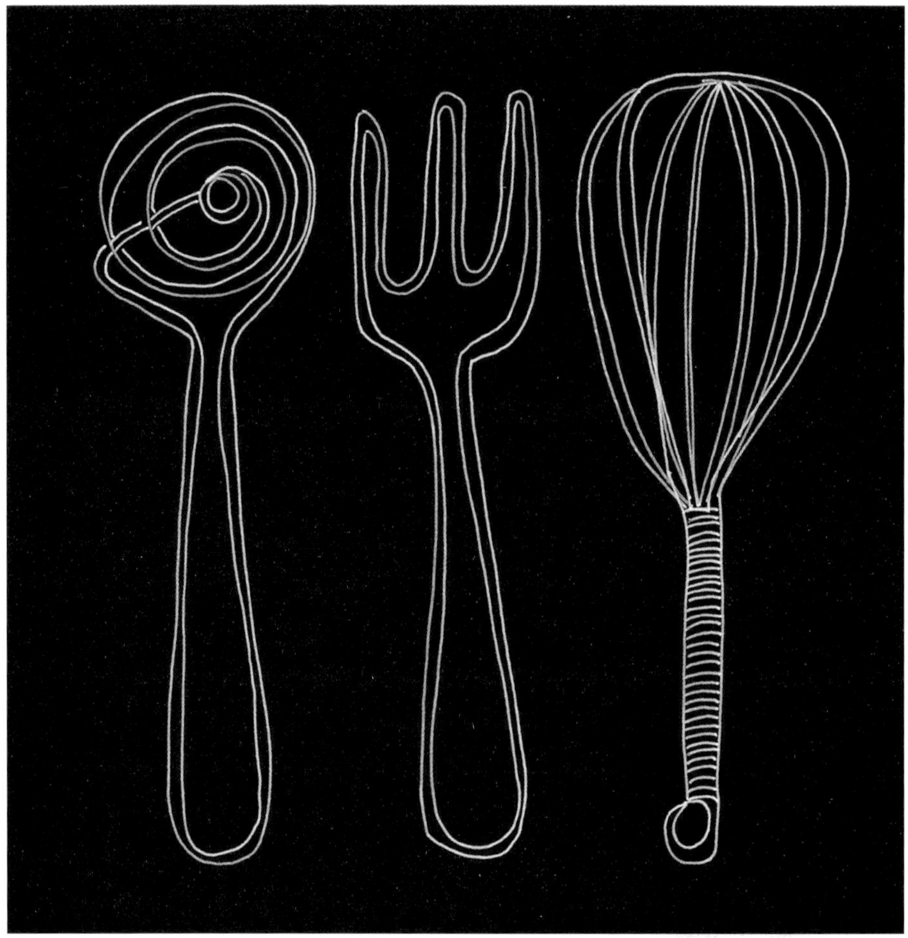

VARIACIONES

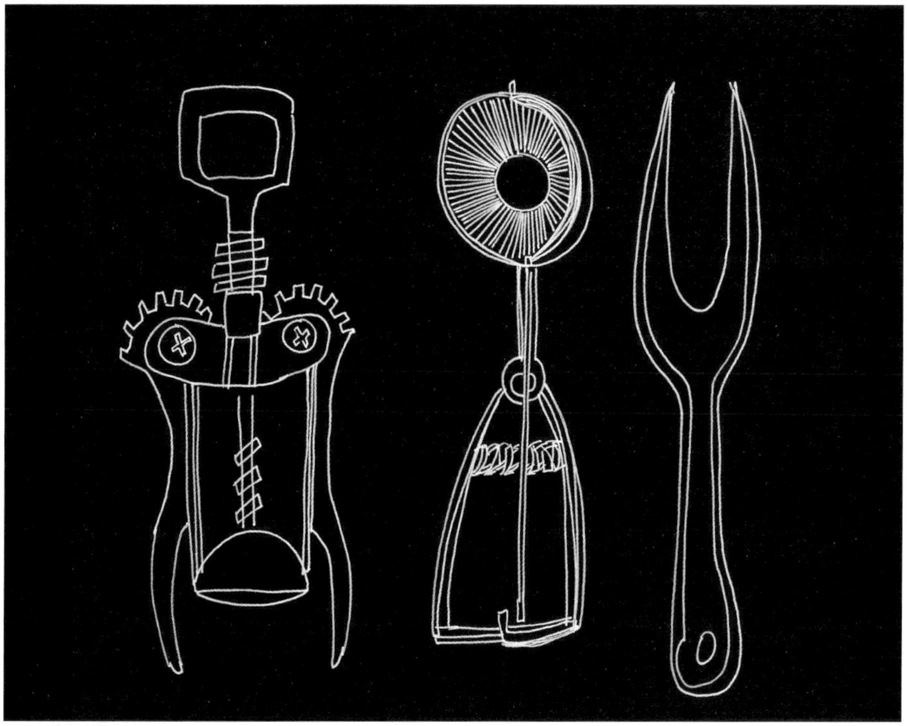

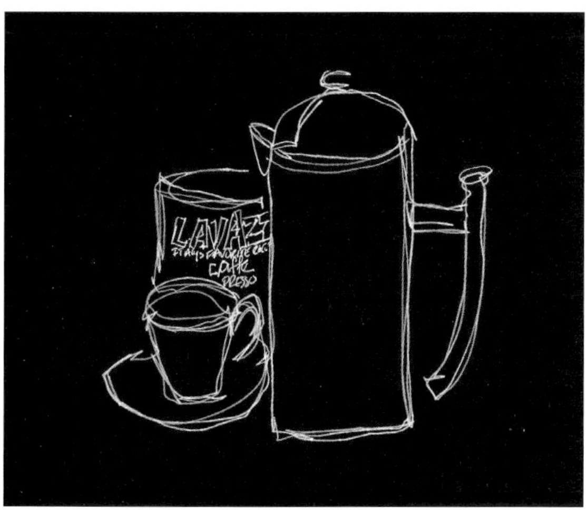

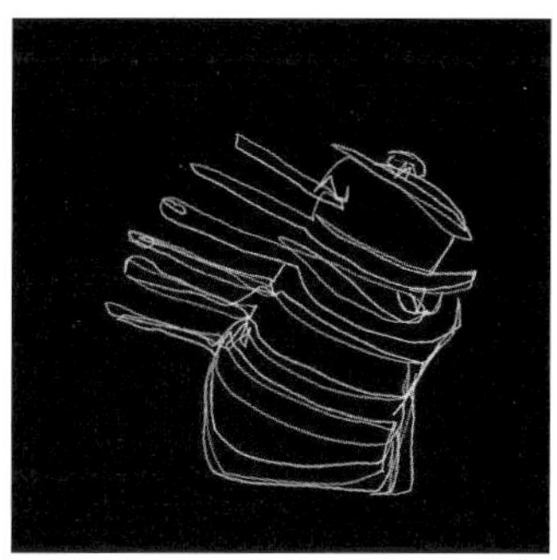

1. Busque en la cocina los objetos de referencia o utilice fotografías de libros de cocina o de internet.

2. Prepare los materiales de dibujo.

3. Póngase a dibujar sin realizar bocetos previamente. Las líneas deben ser libres y sueltas. Para hacer la línea continua, ponga el lápiz en el papel y, sin levantarlo, dibuje lo que vea mirando cada poco al objeto de referencia.

MATERIALES

Papel cartón o cartulina gruesa de color negro, gris o marrón claro

Rotuladores de gel o permanentes de color negro y blanco

Ejercicio 8:

DIBUJOS CON LÍNEAS DE MOTIVOS BOTÁNICOS

ESTE EJERCICIO SE CENTRA EN EL USO DE LAS LÍNEAS Y LOS DETALLES PARA DIBUJAR MOTIVOS DE LA NATURALEZA. LOS EJEMPLOS SON ESTUDIOS DE FLORES Y HOJAS.

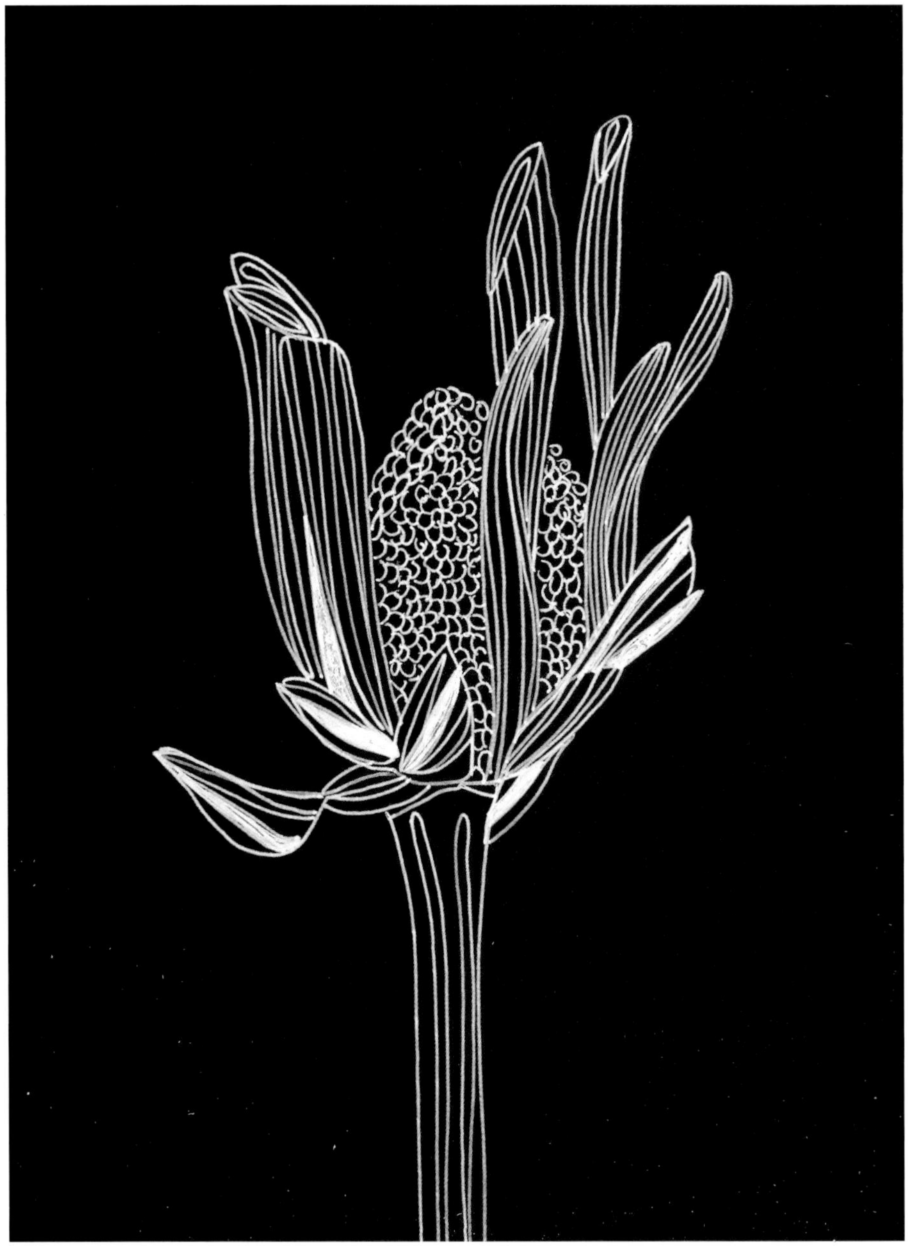

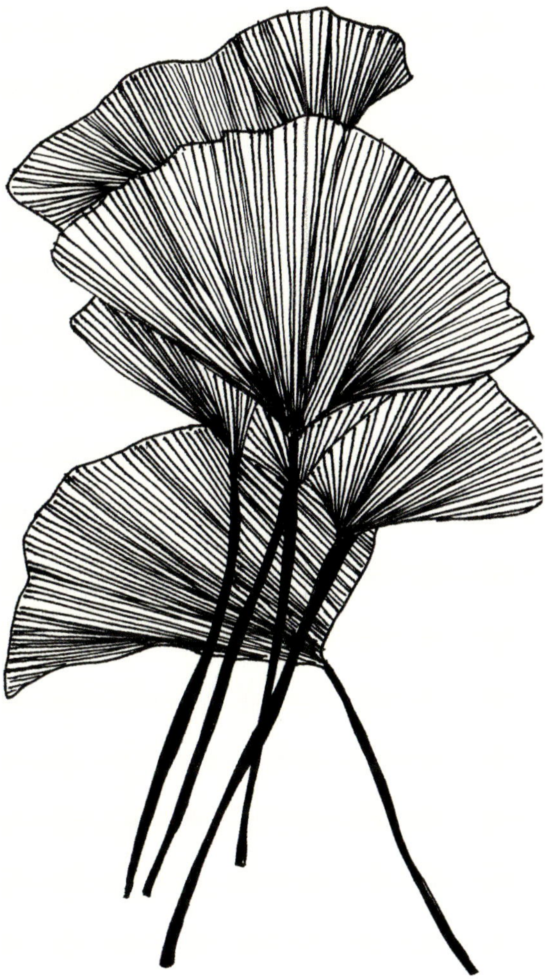

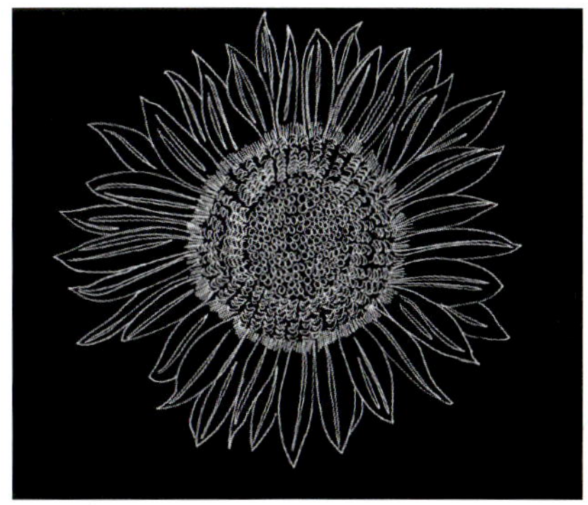

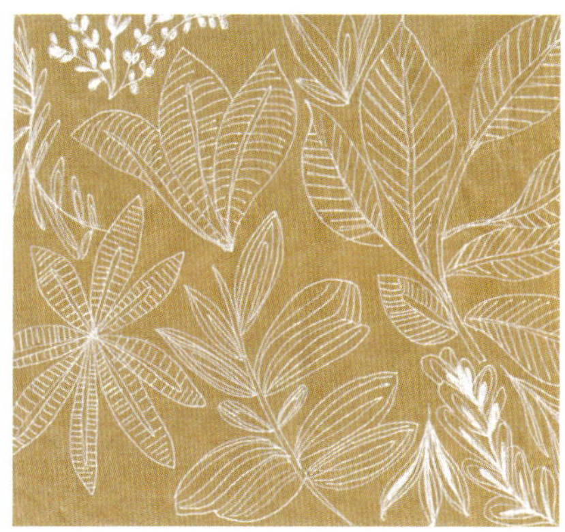

1. Elija los materiales de referencia, como flores de un jardín, o fotografías de flores de libros o de internet.

2. Prepare los materiales de dibujo.

3. Dibuje directamente las flores o las plantas sin hacer bocetos previos. Puede sombrear con líneas para rellenar los espacios abiertos de la flor o la planta.

MATERIALES

Cartulina fina o gruesa de color gris o marrón claro

Rotulador de gel blanco

Ejercicio 9:

JUGAR CON EL ESPACIO NEGATIVO

EN ESTE EJERCICIO, JUGARÁ CON LA LÍNEA Y EL ESPACIO NEGATIVO. SI UNE LOS ESPACIOS NEGATIVOS CON SOMBREADO CREARÁ PATRONES INTERESANTES. EN EL EJEMPLO SE UTILIZAN LÍNEAS DE IZQUIERDA A DERECHA Y PARALELAS ENTRE SÍ. AL RELLENAR LOS ESPACIOS, EL DISEÑO COBRA VIDA ORGÁNICAMENTE.

A

B

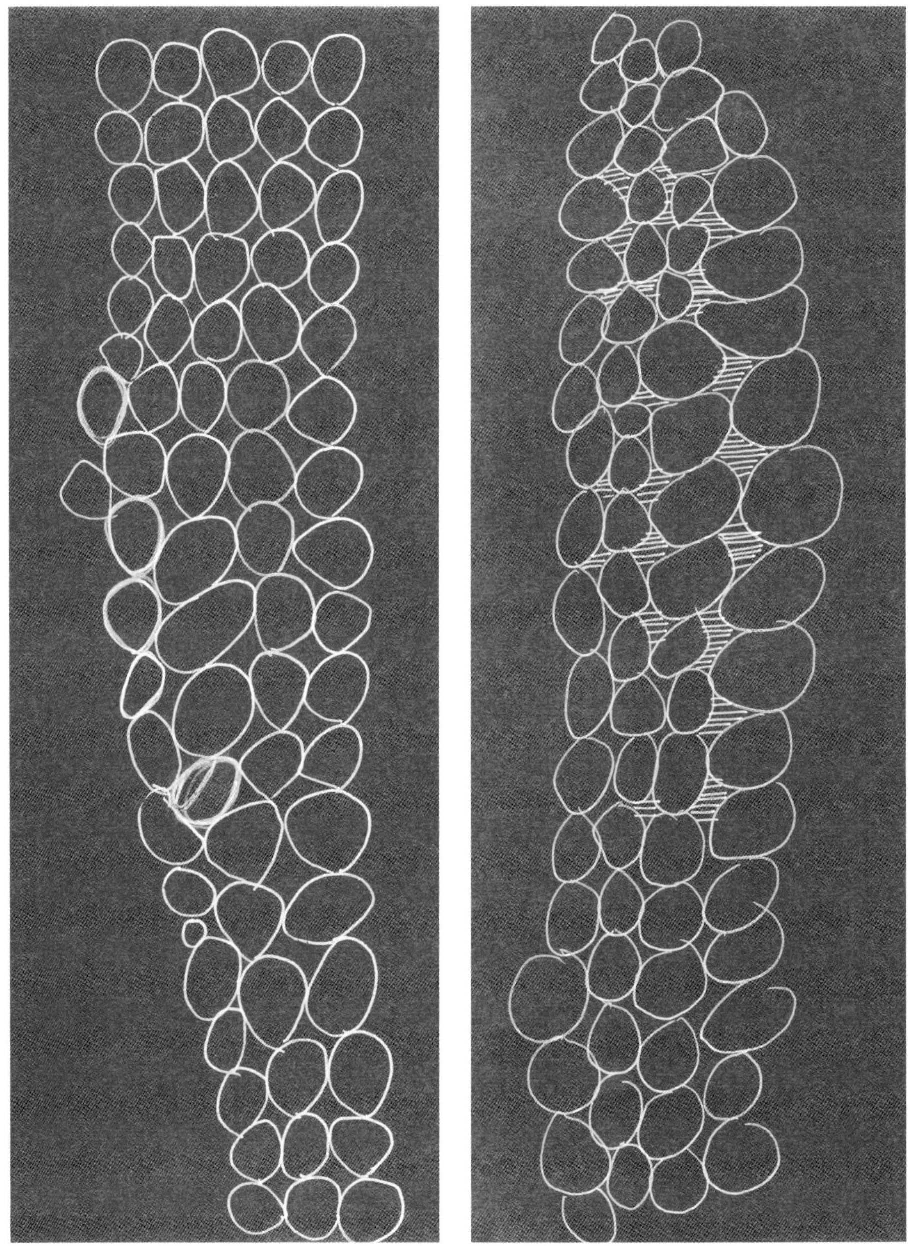

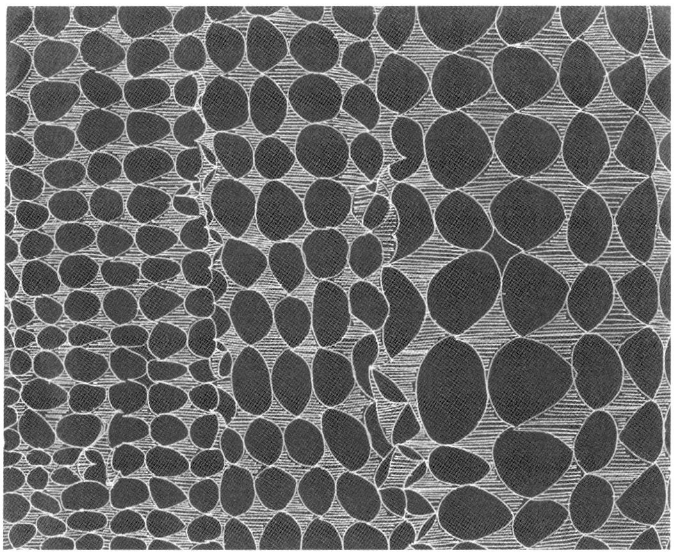

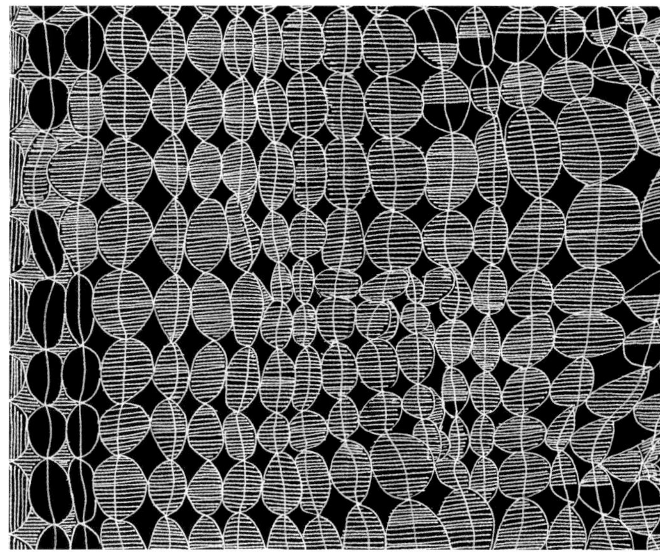

1. Prepare los materiales de dibujo.

2. Dibuje una serie de círculos orgánicos en sentido vertical, de arriba abajo. Los círculos deben tocarse. Dibuje rápido y sin dudar para lograr mejores resultados. Varíe los tamaños para aportar mayor interés visual.

3. Dibuje más columnas de círculos orgánicos de arriba abajo hasta llenar la página de izquierda a derecha. Cada círculo debe tocar el anterior y el de la columna adyacente. Estos dos puntos de contacto crean un espacio de negativo (*véase* la figura A).

4. Con el rotulador de gel, trace líneas direccionales para rellenar los espacios negativos que quedan entre los círculos. Este ejercicio es una forma de meditación con resultados muy bonitos (*véase* la figura B).

5. Al rellenar la hoja con líneas blancas, se crea un patrón similar a una tela de araña con movimiento y forma.

La imagen superior es otro ejemplo de juego con la línea y el espacio negativo. Aquí, la mayoría de los círculos se han rellenado con líneas direccionales y los espacios negativos que hay entre los círculos se han dejado sin rellenar.

Ejercicio 10:

SOMBREADO PARA APORTAR TEXTURA, INTERÉS Y FORMA

TODOS TENEMOS NUESTROS ESTILOS DE GARABATEO Y EL RAYADO Y EL PUNTILLISMO QUE SE UTILIZAN EN LOS SOMBREADOS NO SON MUY DISTINTOS. EN ESTE EJERCICIO, LOS PRACTICARÁ PARA JUGAR CON LA TEXTURA, EL INTERÉS Y LA FORMA.

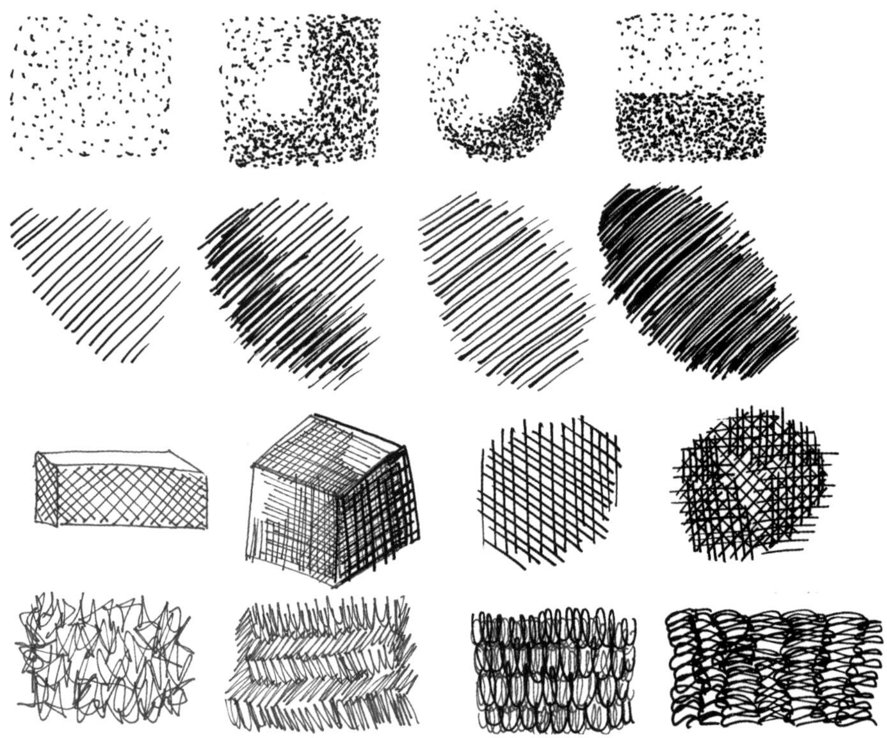

1. Elija un lápiz, un rotulador de gel o uno de pintura. En el papel dibujará una cuadrícula de cuatro filas y cuatro columnas. Titule las filas del siguiente modo: puntillismo, líneas direccionales, líneas cruzadas y patrones de textura.

2. Realice el ejercicio con diversos materiales trabajando de izquierda a derecha. A la izquierda ejecute los sombreados más claros y a la derecha los más oscuros. Tendrá cuatro muestras de cada técnica. Estos sombreados denotarán su personalidad.

Yo tengo archivados los estilos que mejor me funcionan y siempre los utilizo cuando realizo sombreados en el dibujo de detalle. En los siguientes ejemplos, se muestran algunos de mis favoritos.

MATERIALES

- Cartulina fina o gruesa de color negro, gris o marrón claro
- Lápiz
- Rotuladores de gel o permanentes de color blanco y negro
- Rotulador de pintura

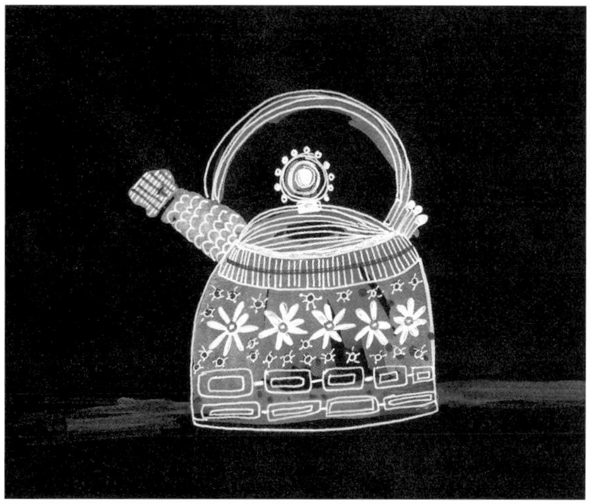

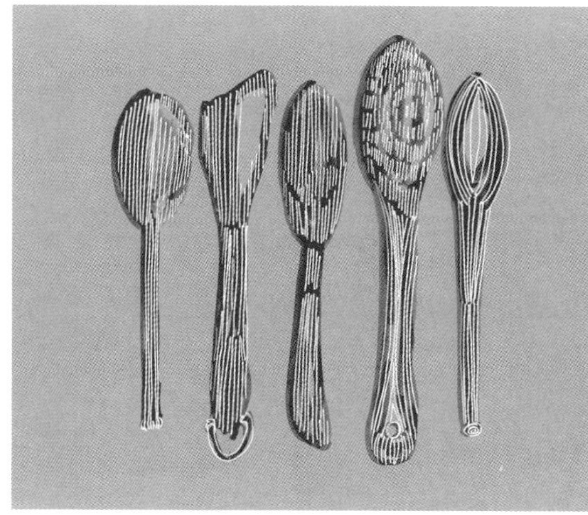

IDEA: puede practicar el sombreado también con pintura. Antes de limpiar los pinceles, ejecute los estilos en trozos sobrantes de papel para guardarlos como referencia. Es un modo genial de aprovechar el exceso de pintura del pincel.

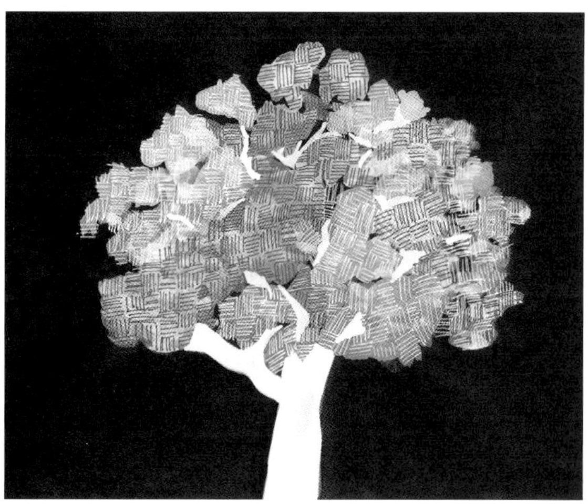

IDEA: haga los sombreados con palillos mondadientes, con un peine viejo, con pinzas de depilar, pinceles con la punta cortada o ramitas del jardín. ¡Cualquier cosa le puede servir para hacer sombreados!

Ejercicio 11:

CREAR TEXTURA CON PAPEL ARRUGADO Y DOBLADO

EN ESTE EJERCICIO CREARÁ TEXTURAS Y PIEZAS ABSTRACTAS DOBLANDO Y ARRUGANDO PAPEL Y LUEGO APLICANDO UNA AGUADA. EL RESULTADO PUEDE CONVERTIRSE EN UNA PIEZA ARTÍSTICA INDIVIDUAL O EN UNA INCORPORACIÓN GENIAL A UN *COLLAGE* O A SU BIBLIOTECA DIGITAL PARA UTILIZAR EN OTRO MOMENTO. CONSIDERE ESTO COMO UN EJERCICIO DE SOMBREADO A GRAN ESCALA.

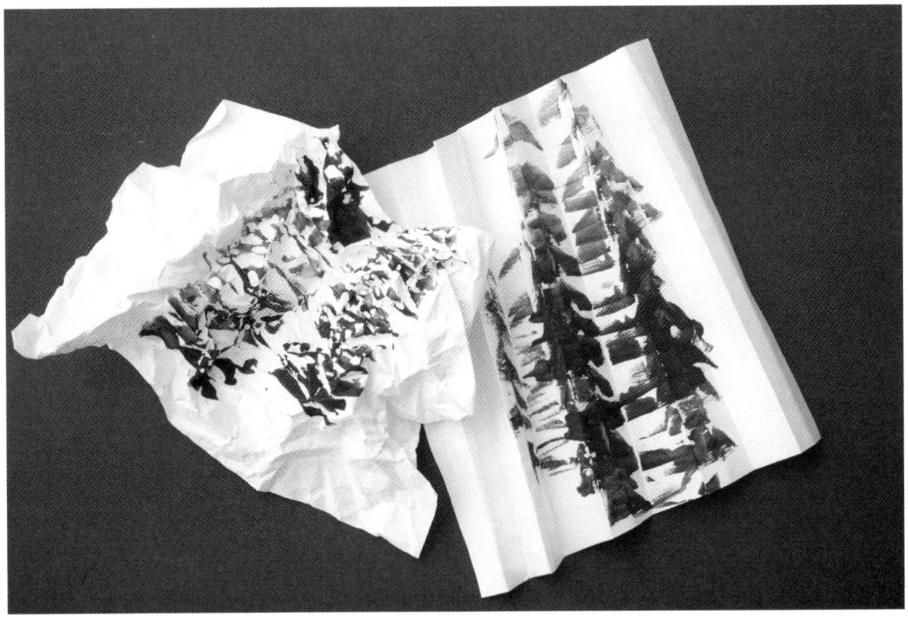

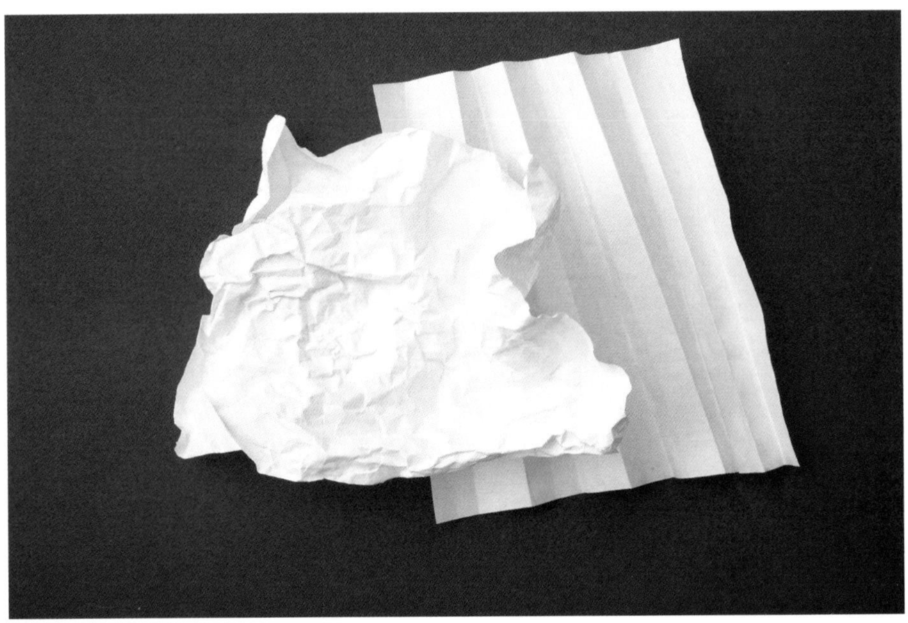

A

MATERIALES

- Papel de periódico o lámina grande de papel cartón
- Cartulina negra, gris o marrón clara (lo bastante fina como para poder doblarla o arrugarla)
- Paleta
- *Gouache* negro o blanco, en función del color del papel que haya elegido
- Pincel barato para mezclar
- Pincel tipo mopa o plano para las pinceladas de aguada
- Rotulador ordinario, de pintura o de gel, de color negro o blanco

B

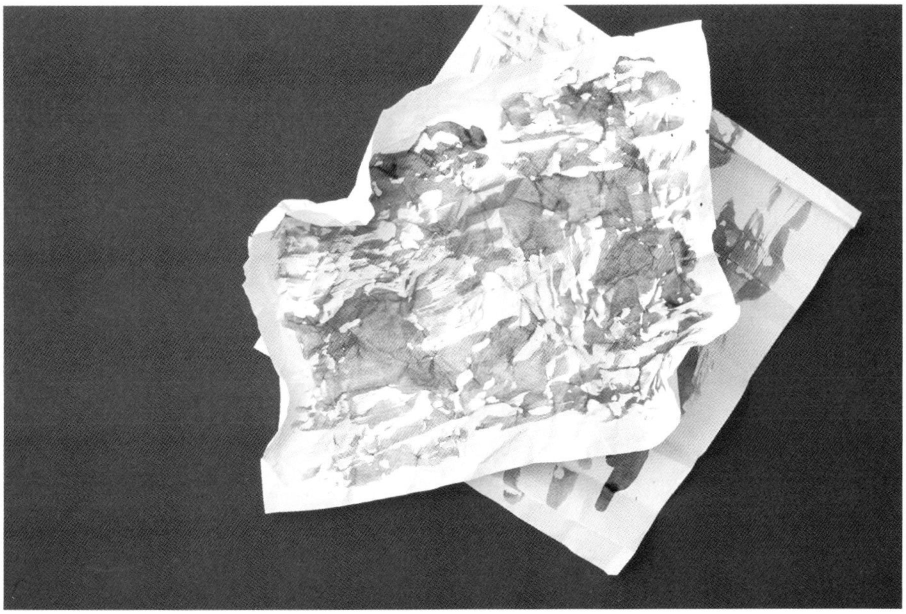

C

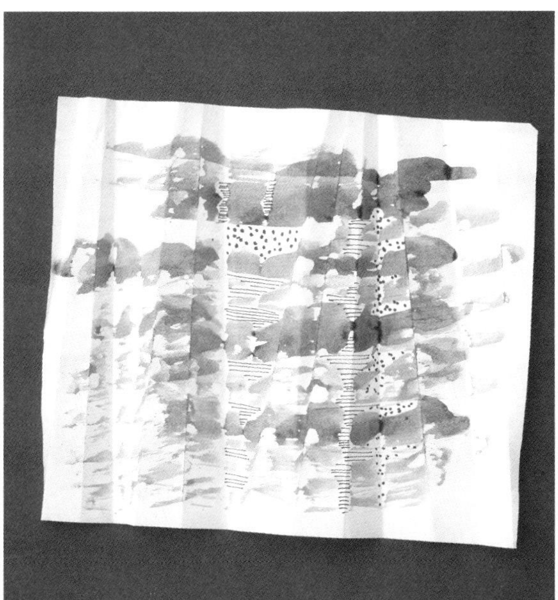

1. Cubra el espacio de trabajo con papel de periódico o una lámina grande de papel cartón.

2. Arrugue y doble el papel (*véase* la figura A).

3. Estire el papel y alíselo un poco con la mano.

4. En una paleta, mezcle el *gouache* con agua para obtener una consistencia fluida tipo yogur. Utilice un pincel barato para mezclar. Con un pincel tipo mopa o plano, ejecute pinceladas amplias por toda la hoja. La pintura cubrirá los pliegues, pero dejará «valles» en blanco (*véase* la figura B).

5. Estudie su creación y decida qué marcas realizar en los «valles» de espacio negativo. Trace líneas direccionales, puntos, líneas cruzadas o patrones de textura con el rotulador (*véase* la figura C). Puede elegir dejarlo tal cual: será una divertida pieza de arte abstracto.

MATERIALES

- Papel de periódico o lámina grande de papel cartón
- Paleta
- *Gouache* blanco
- Pincel barato para mezclar
- Cartulina gris gruesa
- Pinceles del 2, 4 o 6
- Pincel ultrafino para líneas
- Rotulador permanente negro de punta fina o del tipo que desee
- Rotulador blanco de gel

Ejercicio 12:

CONECTAR LOS PUNTOS

EN ESTE EJERCICIO SE CREA UN DISEÑO CON PUNTOS AL AZAR QUE LUEGO SE CONECTAN TRAZANDO UNA LÍNEA CON ROTULADOR O *GOUACHE*. EXPERIMENTE CON VARIACIONES DIVERTIDAS CONECTANDO OTRAS FORMAS COMO TRIÁNGULOS, CUADRADOS O RECTÁNGULOS.

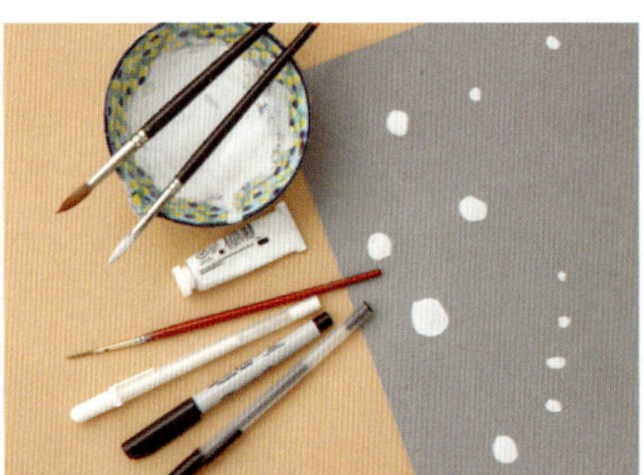

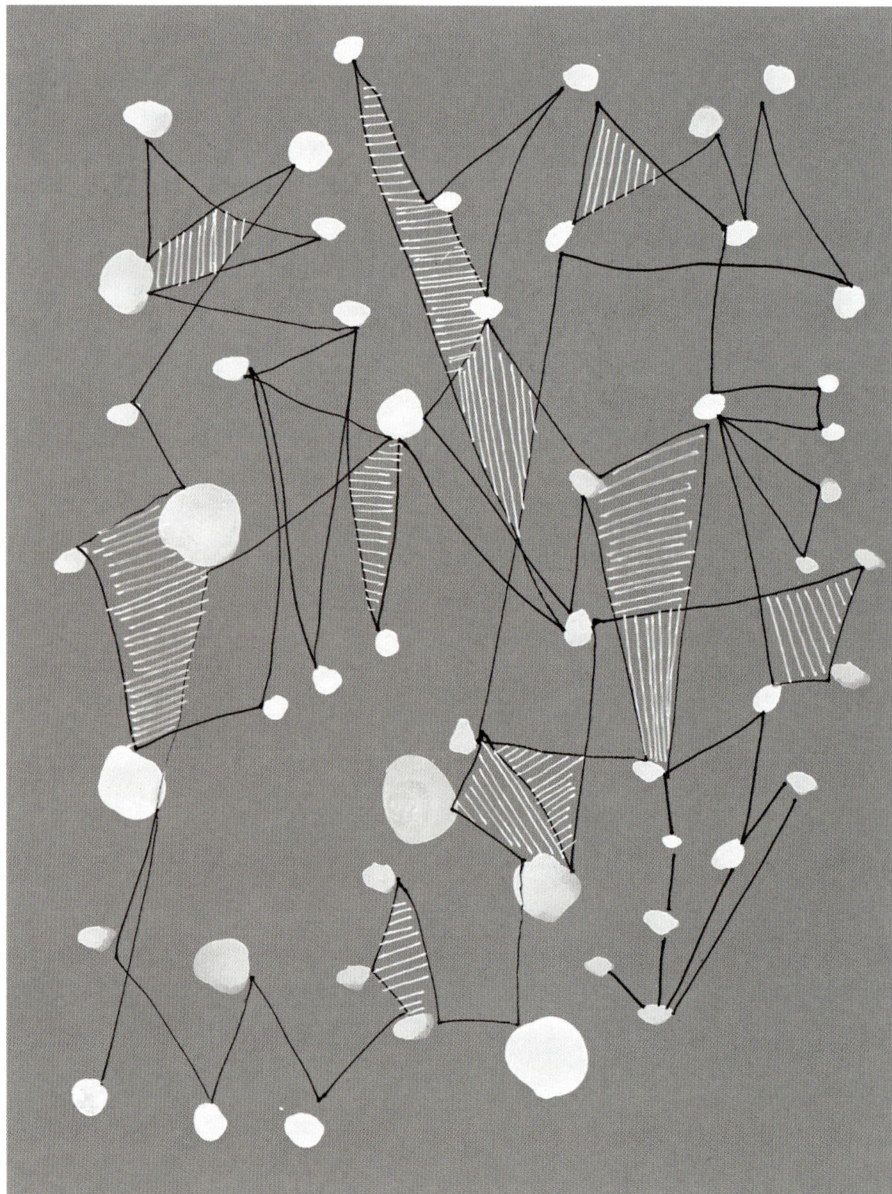

1. Cubra el espacio de trabajo con papel de periódico o una lámina grande de papel cartón.

2. En una paleta, mezcle el *gouache* con agua para obtener una consistencia fluida tipo yogur. Utilice un pincel barato para mezclar.

3. Moje el pincel con la mezcla y, al azar, llene el papel de puntos. Hágalos de distintos tamaños y espácielos de manera desigual (*véase* la figura A).

4. Conecte los puntos con el rotulador negro de punta fina. Muévase libremente por la página confiando en la fluidez y ritmo del movimiento de la mano (*véase* la figura B).

5. Cuando estén conectados todos los puntos, podrá rellenar las formas que hayan quedado al entrecruzar las líneas con un pincel ultrafino o un rotulador de gel.

6. En el ejemplo se utilizan líneas direccionales para rellenar las formas. Rellene todas las formas que desee hasta completar el diseño.

7. En las imágenes se muestran variaciones de diseños e ideas de sombreados.

A

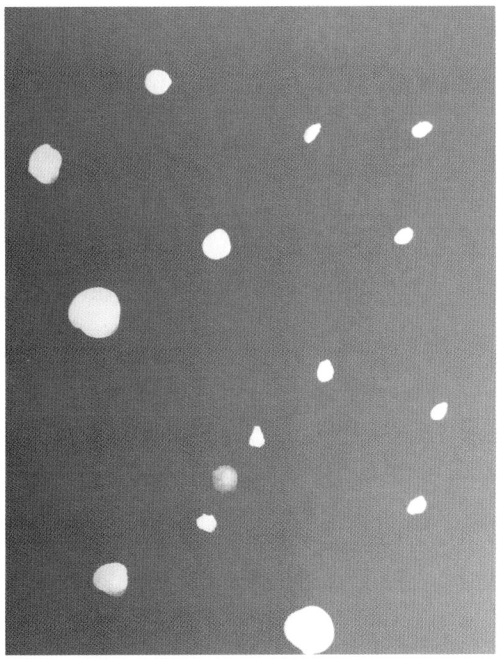

B

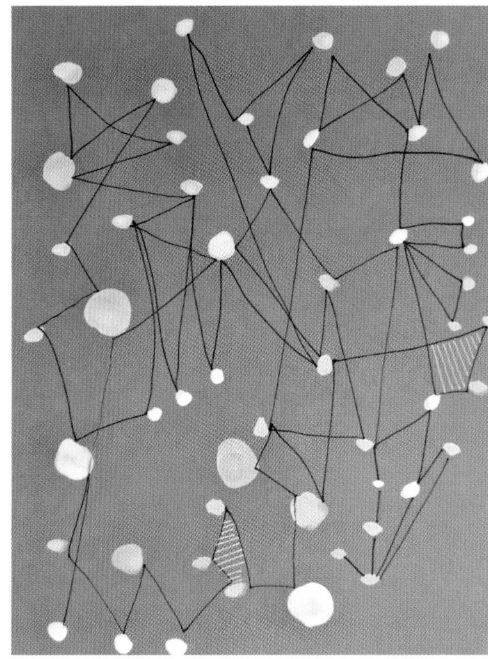

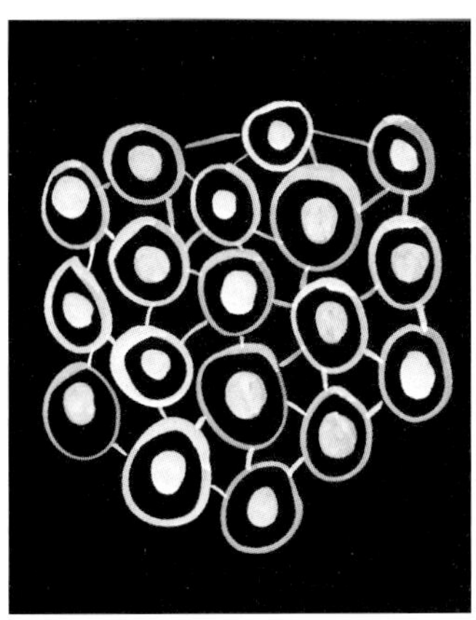

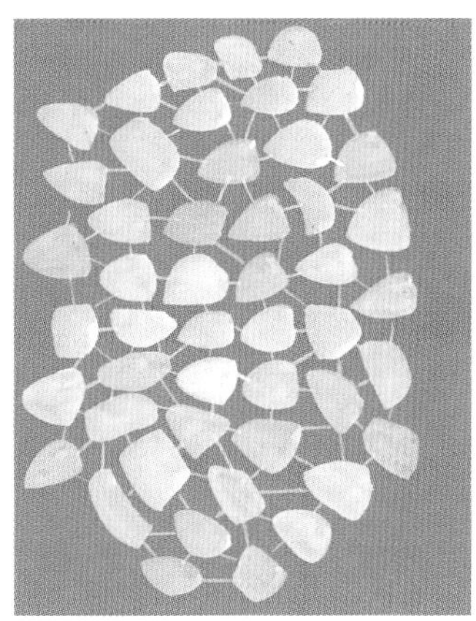

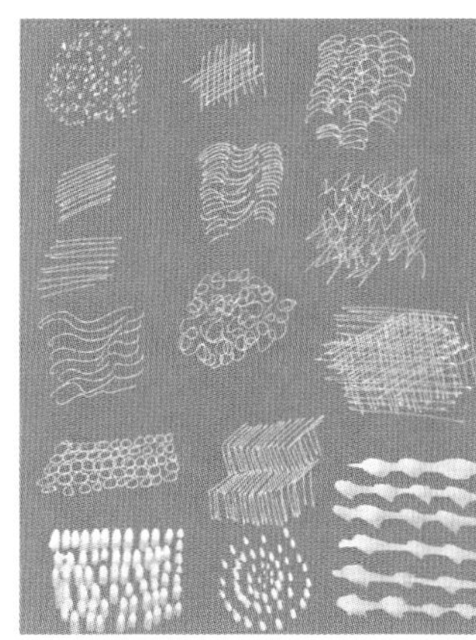

MATERIALES

- Papel de periódico o lámina grande de papel cartón
- Rotulador de pintura blanca con distintos tamaños de punta
- Papel cartón o cartulina gruesa de color negro o marrón claro

Ejercicio 13:

GARABATEAR Y RELLENAR

EL EJERCICIO CONSISTE EN ENTRECRUZAR LÍNEAS EXPRESIVAS PARA CREAR ESPACIO NEGATIVO, QUE POSTERIORMENTE SE RELLENARÁ CON SOMBREADO SIMPLE O DECORATIVO. TAMBIÉN SE PUEDE REALIZAR CON PINCEL Y PINTURA PARA OBTENER UN ASPECTO DIFERENTE.

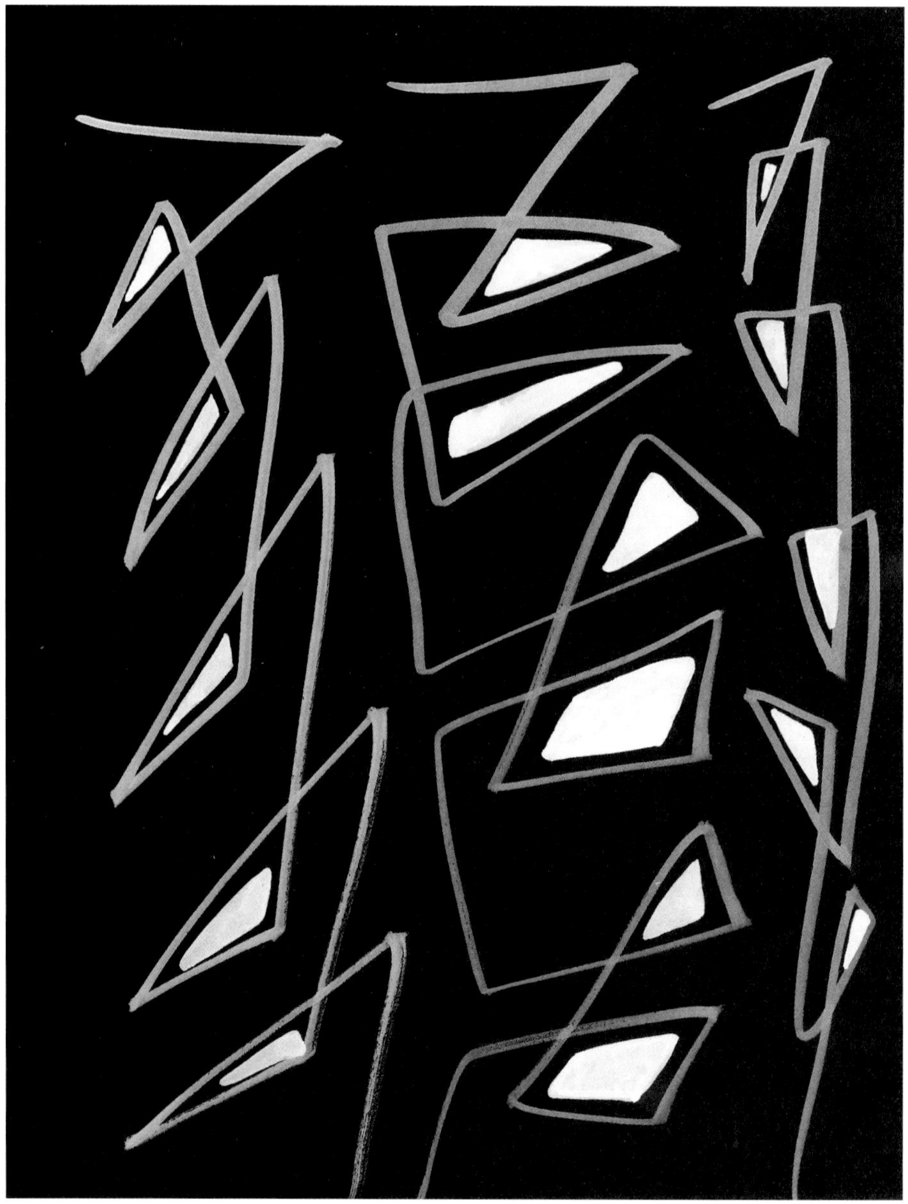

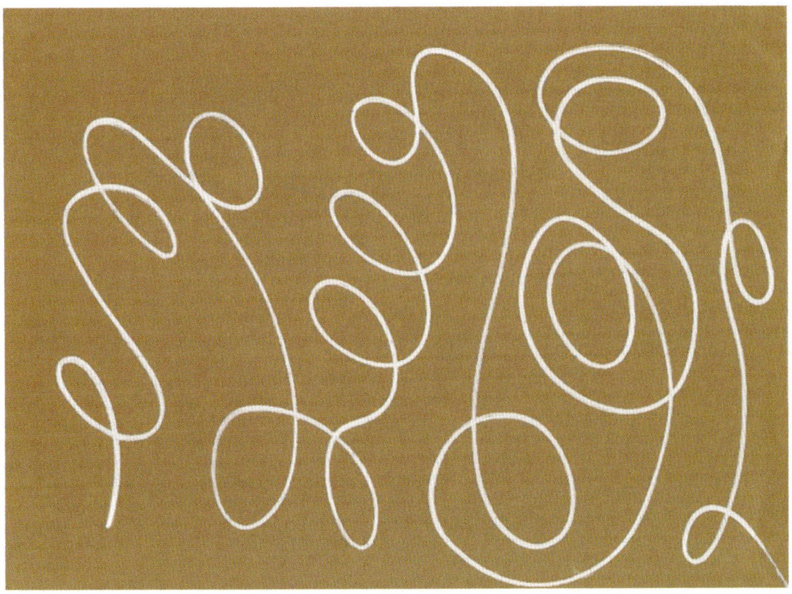

A

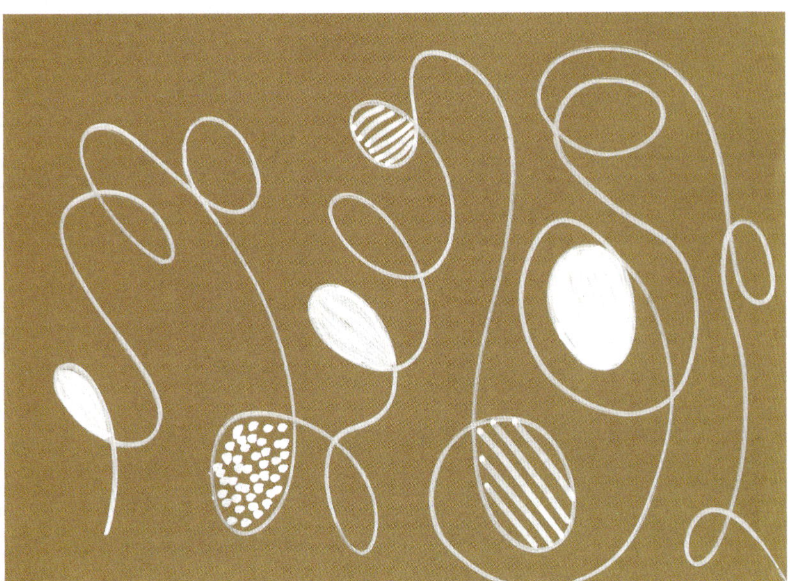

B

1. Cubra el espacio de trabajo con papel de periódico o una lámina grande de papel cartón.

2. Con el rotulador de pintura, dibuje directamente sobre la cartulina o el cartón de manera libre y fluida. No levante el rotulador del papel hasta haber llenado la hoja. Es mejor realizar esta parte del ejercicio de pie y transmitir el peso del cuerpo al dibujo mientras mueve el rotulador libremente por la página entrecruzando líneas y círculos (*véase* la figura A).

3. Cuando acabe de garabatear, rellene con sombreado las formas que queden al entrecruzar las líneas. En el ejemplo hemos utilizado líneas direccionales y relleno sólido (*véase* la figura B).

MATERIALES

- Papel de periódico o una lámina grande de papel cartón
- *Gouache* blanco o negro
- Paleta
- Pincel barato para mezclar
- Pincel de punta redonda
- Cartulina gruesa de color negro, gris o marrón claro o papel para acuarela
- Pincel tipo mopa
- Pincel redondo
- Pincel plano

Ejercicio 14:

EL DESCUBRIMIENTO DE LOS PINCELES

EN ESTE EJERCICIO EXPLORARÁ SUS PINCELES, LOS TRAZOS QUE PUEDEN REALIZAR Y LA BELLEZA QUE PUEDE CREAR CON ELLOS. EN EL EJEMPLO HE UTILIZADO LAS FORMAS DE PINCEL BÁSICAS Y EL TRAZO QUE REALIZA CADA UNA. TENGO MÁS DE 150 PINCELES, PERO, PARA PINTAR, SIEMPRE TERMINO USANDO MIS SEIS FAVORITOS, Y OIGO A MIS COLEGAS ARTISTAS DECIR QUE LES PASA LO MISMO.

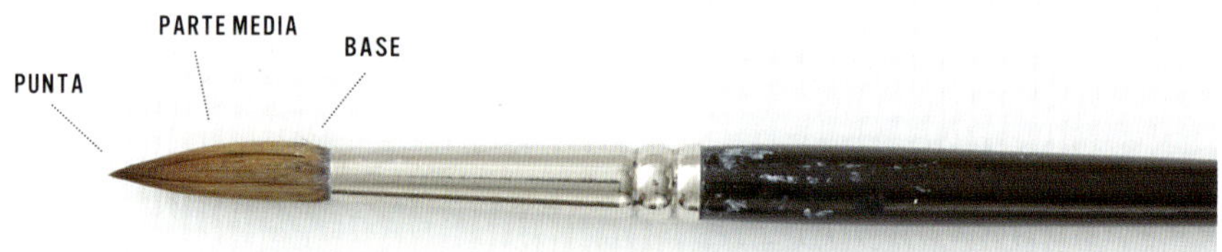

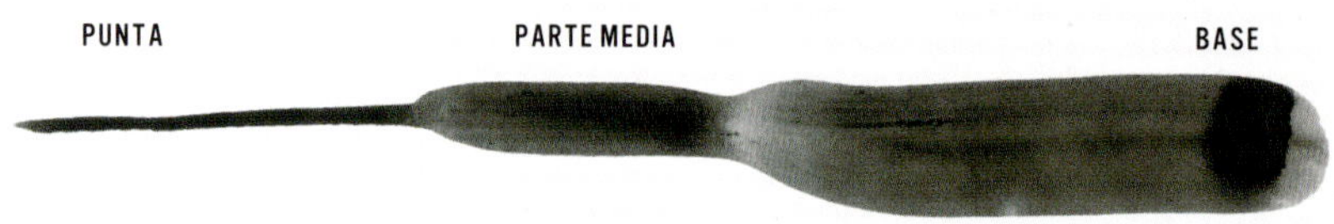

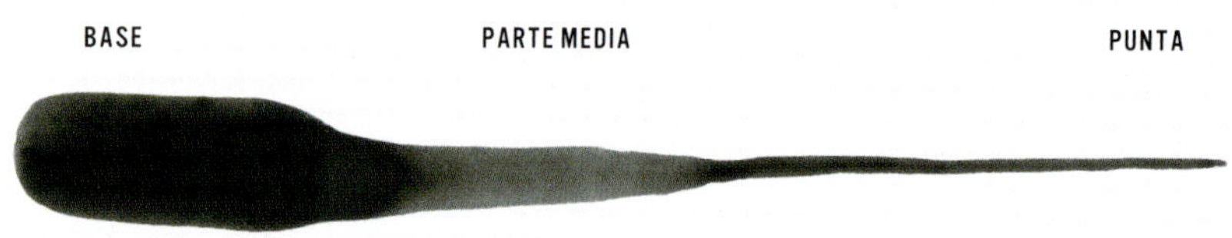

CONSEJO: con la mano puede controlar el efecto de la pintura en función de cómo sujete el pincel. Esto es así con todos los tipos de pincel.

1. Cubra el espacio de trabajo con papel de periódico o una lámina de cartulina grande.

2. Aplique *gouache* en la paleta y añada agua poco a poco. Mezcle la pintura hasta obtener una consistencia cremosa similar a la del yogur. Utilice un pincel barato para realizar la mezcla.

3. Empiece el ejercicio con un pincel de punta redonda. Coja pintura con el pincel, sosténgalo sobre el papel de acuarela o la cartulina en perpendicular, es decir, en un ángulo de 90°, y dé unas pocas pinceladas.

CONSEJO: para las flores, estudie los pétalos y luego juegue con la presión del pincel para imitar las formas.

4. Después, pruebe a sujetar el pincel como si fuera un lápiz, en un ángulo de 45°, y dé varias pinceladas. Utilice todas las partes del pincel: la base, la parte media y la punta. No presione mucho cuando emplee la base para no dañar las cerdas. Verá que el grosor de los trazos varía cuando cambia la presión que aplica con la mano. Cada artista tiene su propia personalidad al trazar líneas.

5. Haga líneas finas, gruesas y de grosor medio. Ejecute filas de trazos de izquierda a derecha. Comprobará cuánto le dura la pintura en el pincel antes de tener que coger más y conocerá las cualidades del pincel. Repita estos pasos con un pincel tipo mopa, uno redondo y uno plano.

PINCEL ACABADO EN PUNTA

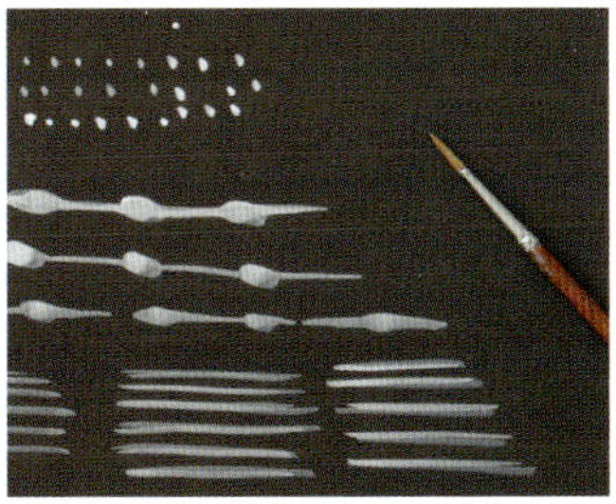

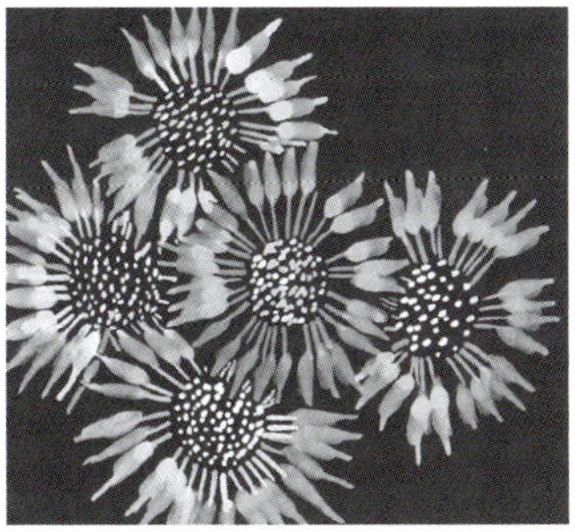

Pinte con un lado del pincel.

PINCEL TIPO MOPA

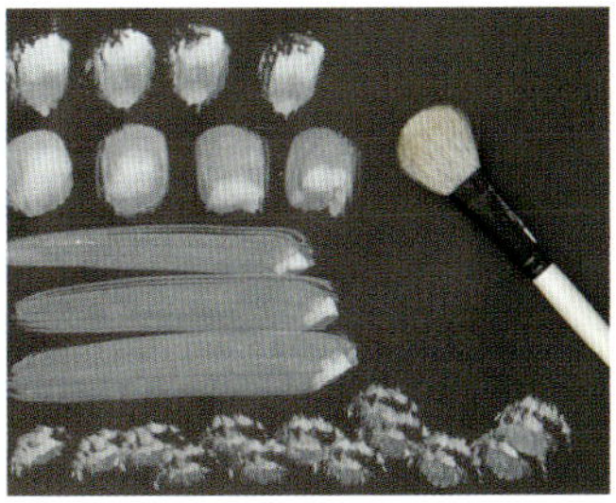

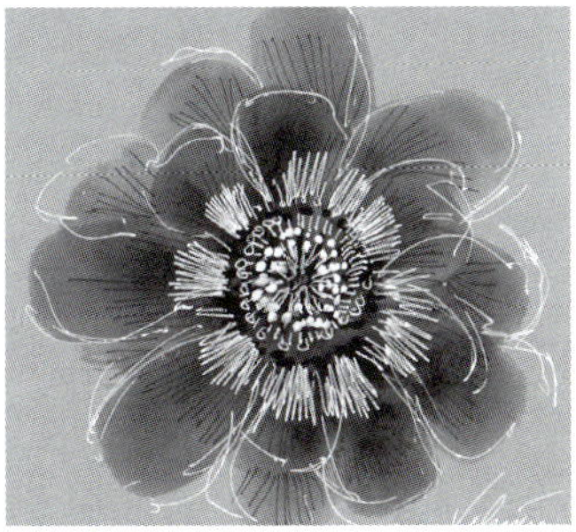

Aplique el pincel y levántelo dejando que su forma quede plasmada en el papel.

PINCEL REDONDO

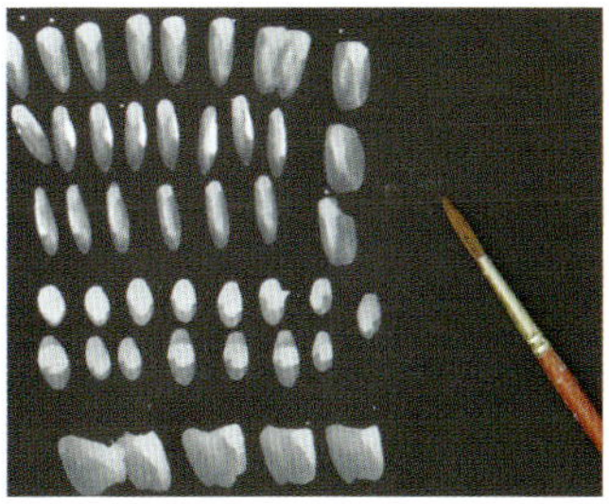

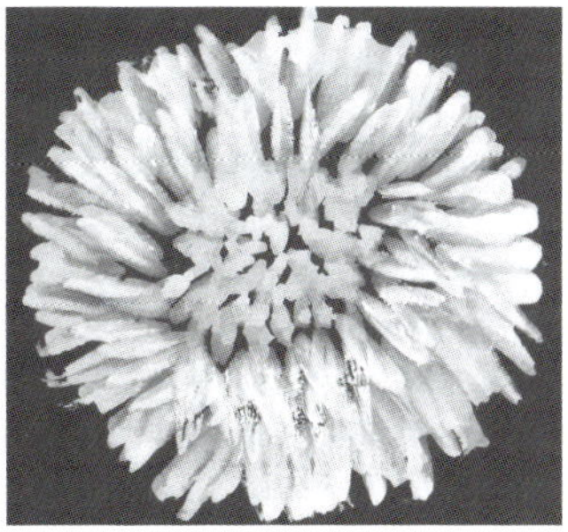

Use una técnica de grueso y fino para la forma de los pétalos. Pruebe a mover el pincel trabajando de fino a grueso con este patrón: punta, parte media, punta, parte media, punta, parte media, punta.

PINCEL PLANO

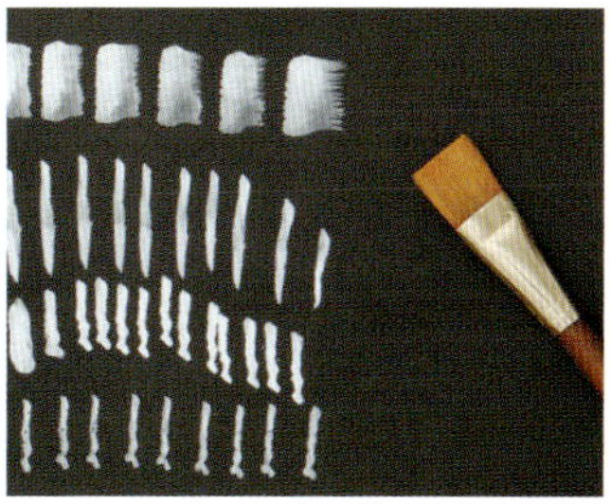

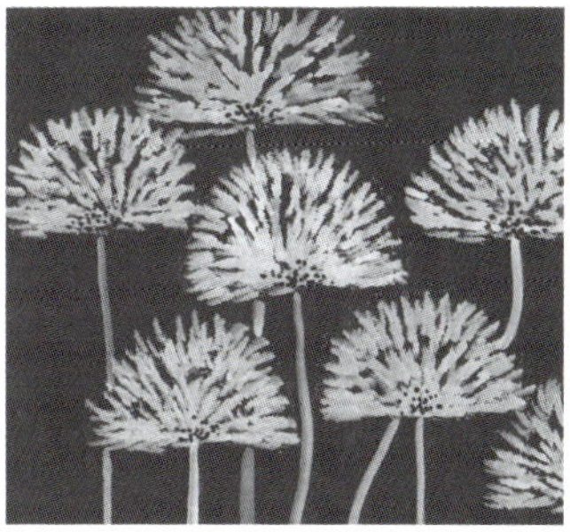

Pinte con la punta del pincel.

MATERIALES

- Papel de periódico o lámina grande de papel cartón
- *Gouache* blanco
- Paleta
- Pincel barato para mezclar
- Cartulina gruesa o papel de acuarela de color negro
- Pincel redondo

Ejercicio 15:

PINTAR CON *GOUACHE*

EN ESTE EJERCICIO PINTARÁ CON *GOUACHE* PARA CREAR UNA PIEZA ABSTRACTA EN BLANCO Y NEGRO. HE TRABAJADO CON *GOUACHE* A LO LARGO DE TODA MI CARRERA CREATIVA. DECIR QUE ME ENCANTA ES QUEDARME CORTA. SE TRATA DEL MEDIO MÁS FLEXIBLE Y VERSÁTIL QUE EXISTE. SI SE SECA, SE PUEDE VOLVER A UTILIZAR CON SOLO AÑADIR UNAS GOTAS DE AGUA. ADEMÁS, SE SECA RÁPIDO Y TIENE UN ACABADO OPACO Y MATE.

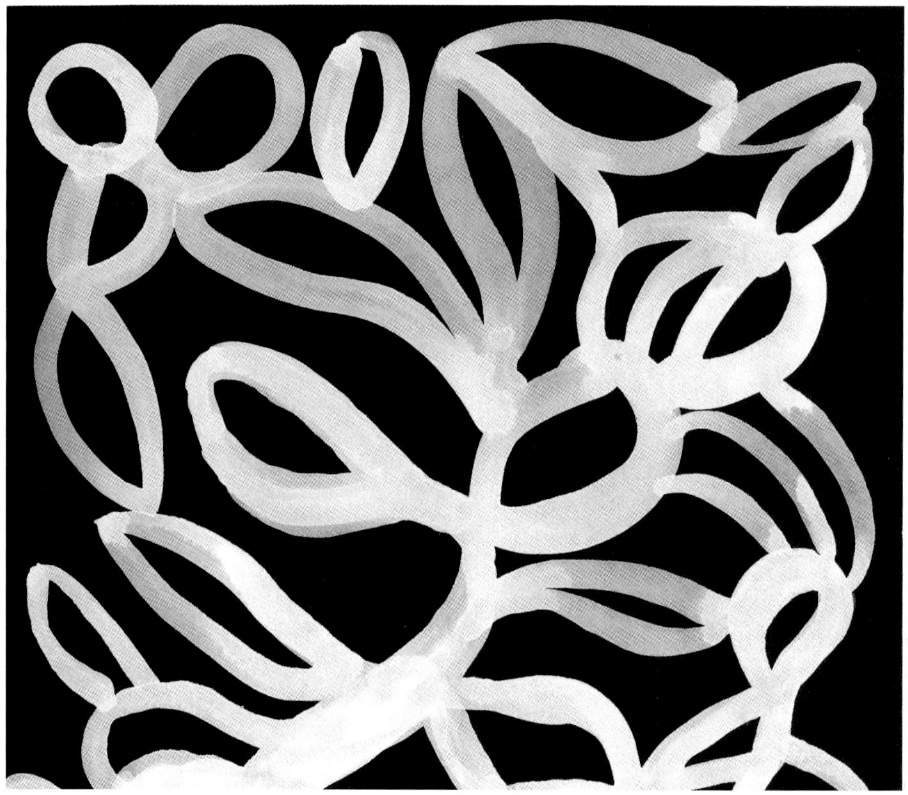

NOTA: el *gouache* tiene tres tipos de consistencia: cremosa (muy parecida a la del yogur), media y ligera. Dependen de la cantidad de agua que se mezcle con él. La consistencia más cremosa da un color opaco y plano. La media y la ligera ofrecen un efecto más similar a la acuarela.

DISTINTAS CONSISTENCIAS DEL *GOUACHE*

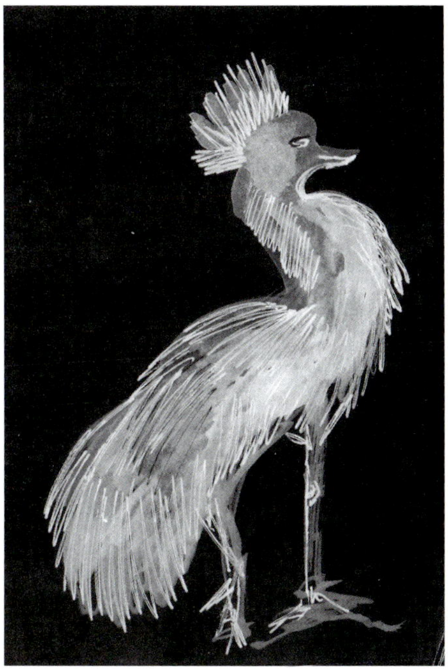

Ligera

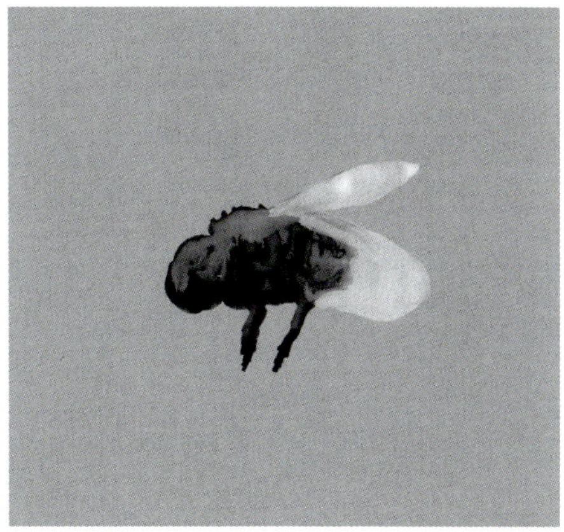

Media

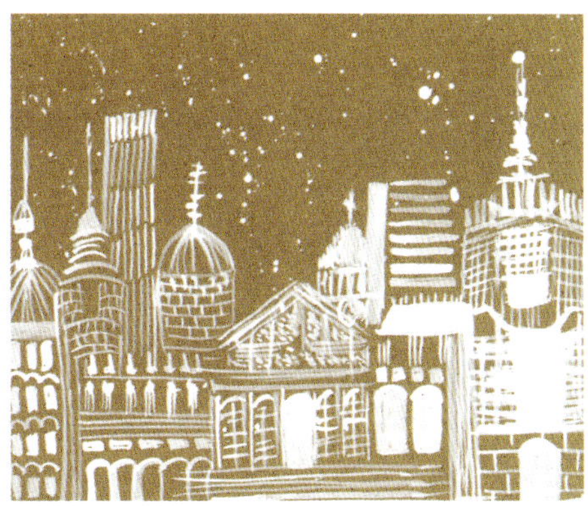

Cremosa

1. Cubra el espacio de trabajo con el papel de periódico o la lámina grande de papel cartón.

2. Ponga un poco de *gouache* en la paleta y añada agua lentamente. Mezcle el *gouache* hasta lograr una consistencia cremosa similar a la del yogur. Utilice un pincel barato para mezclar la pintura.

3. Prepare el papel negro en el que va a pintar.

4. Moje el pincel redondo en el *gouache* blanco y pinte con suavidad formas circulares y de hoja. Al hacerlo, notará la fluidez y el movimiento de la pintura mientras la aplica y la extiende. También comprobará cuánto tiempo le dura la pintura en el pincel antes de tener que coger más.

5. Pinte con la parte media del pincel para lograr una línea gruesa.

6. Llene la cartulina pintando con confianza hasta los bordes del papel. Le recomiendo que no detenga las pinceladas al llegar al borde, sino que lo supere para que no se note vacilación en el trazo.

Ejercicio 16:

BLANCO SOBRE BLANCO

EN ESTE EJERCICIO UTILIZAREMOS *GOUACHE* BLANCO PARA CREAR UNA FORMA BÁSICA Y AÑADIREMOS DETALLE CON ROTULADORES DE GEL PARA DEFINIR EL OBJETO Y DARLE VIDA.

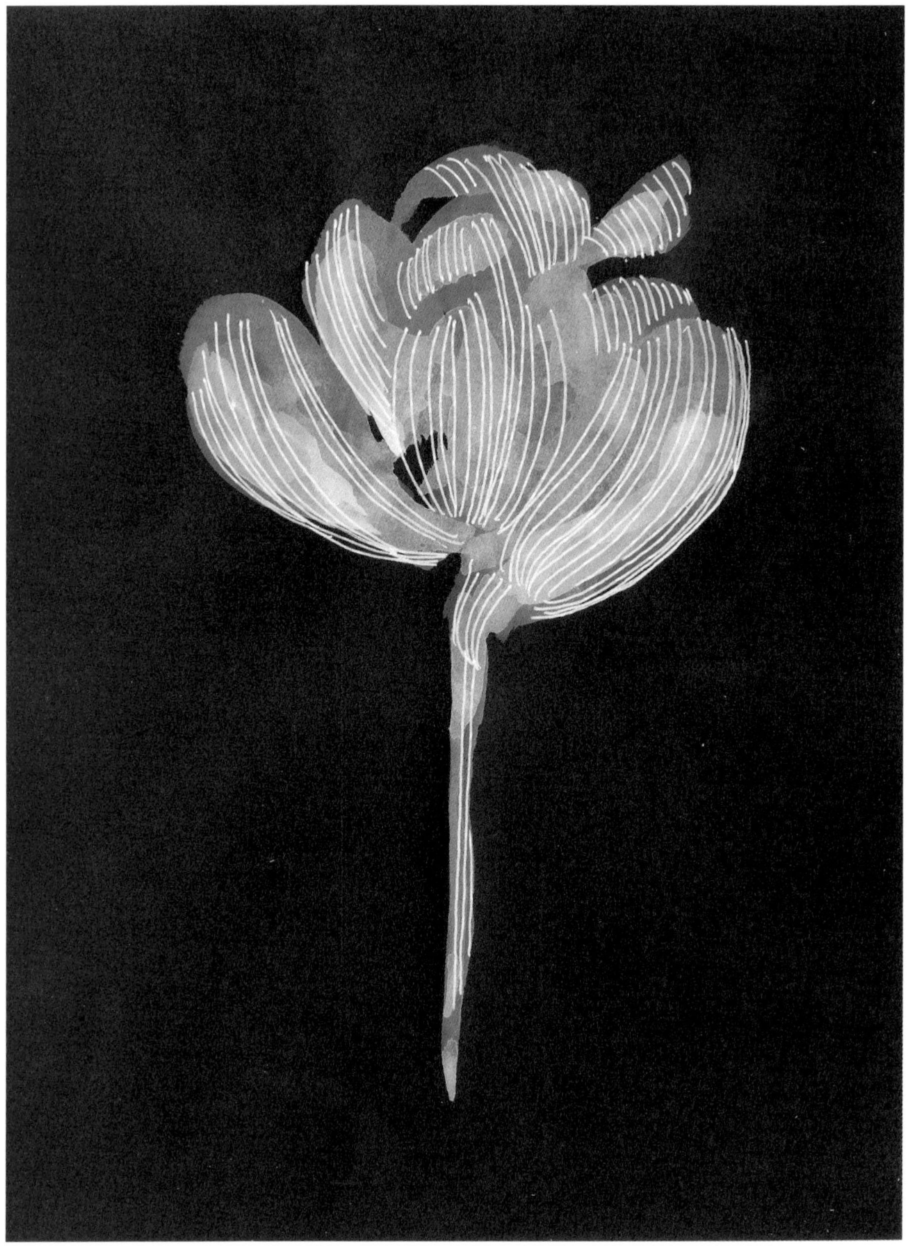

MATERIALES

- Papel de periódico o lámina grande de papel cartón
- Paleta
- *Gouache* blanco
- Pincel barato para mezclar
- Cartulina gruesa o papel de acuarela de color negro
- Pincel tipo mopa
- Pincel redondo
- Rotulador blanco de gel

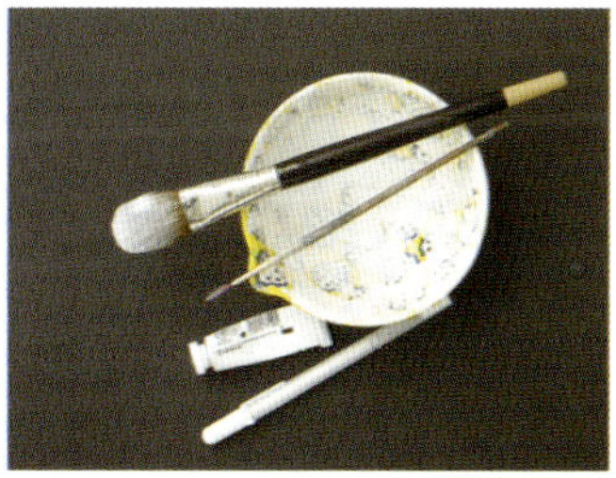

1. Cubra el espacio de trabajo con el papel de periódico o la lámina grande de papel cartón.

2. Ponga un poco de *gouache* en la paleta y añada agua para obtener una consistencia similar a la acuarela. Así la pintura quedará más fina. Utilice un pincel barato para mezclar la pintura.

3. Prepare el papel negro donde va a pintar. Busque una flor para utilizar como referencia, bien en la naturaleza o un libro de jardinería. Moje el pincel tipo mopa en la pintura blanca y pinte suavemente los pétalos base de la flor. Véase en la figura A una muestra de flor del azafrán. Con el pincel redondo dará color más rápidamente a una zona grande. Deje secar la pintura.

4. Dé con el pincel redondo una segunda aguada solo en pequeñas partes de la flor para resaltarlas con un tono más claro (*véase* la figura B). Esta técnica, llamada veladura, da forma a la flor y una sensación de transparencia. Deje secar la pintura antes de utilizar el rotulador.

5. Con el rotulador de gel blanco, ejecute el detalle en una tercera capa. Puede utilizar la técnica que más le guste. A mí me gusta seguir el borde del pétalo para darle definición. Rellene todas las formas de pétalo que desee hasta completar el diseño. Utilice líneas, círculos, rayas entrecruzadas, puntos y otras técnicas.

A

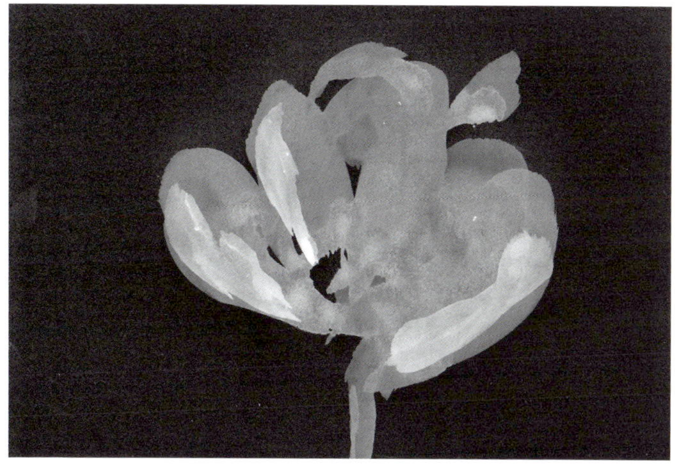

B

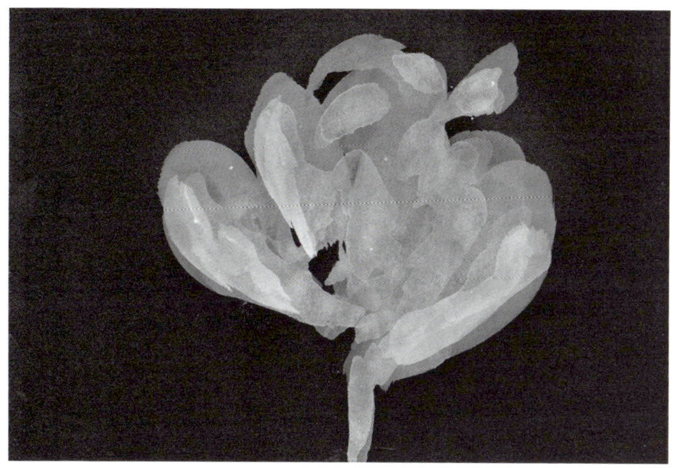

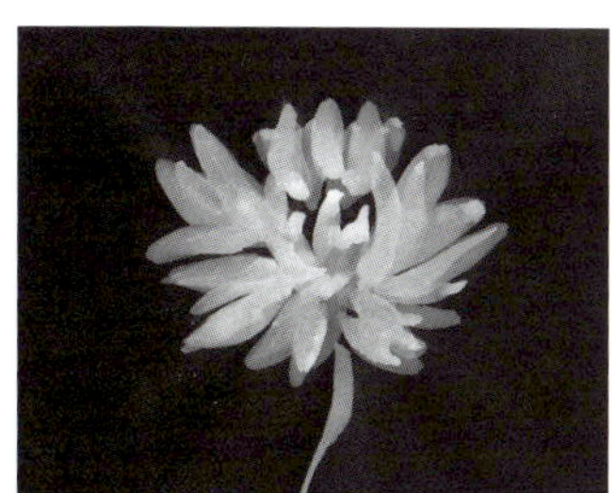

Un ejemplo sin líneas

Ejercicio 17:

UNA BANDADA DE PÁJAROS

EN ESTE EJERCICIO SE DIVERTIRÁ CREANDO UNA FAMILIA DE PÁJAROS CON UNA AGUADA ABSTRACTA. UNA PINCELADA CIRCULAR O UNA MANCHA DE PINTURA, SI LO DESEA PUEDE SER EL INICIO DE UN ANIMAL, PLANTA, FLOR O FORMA IMAGINARIA. CON UN ROTULADOR DE GEL O DE OTRO TIPO, LE AÑADIREMOS LAS PATAS Y EL PICO Y HAREMOS QUE EL PÁJARO COBRE VIDA.

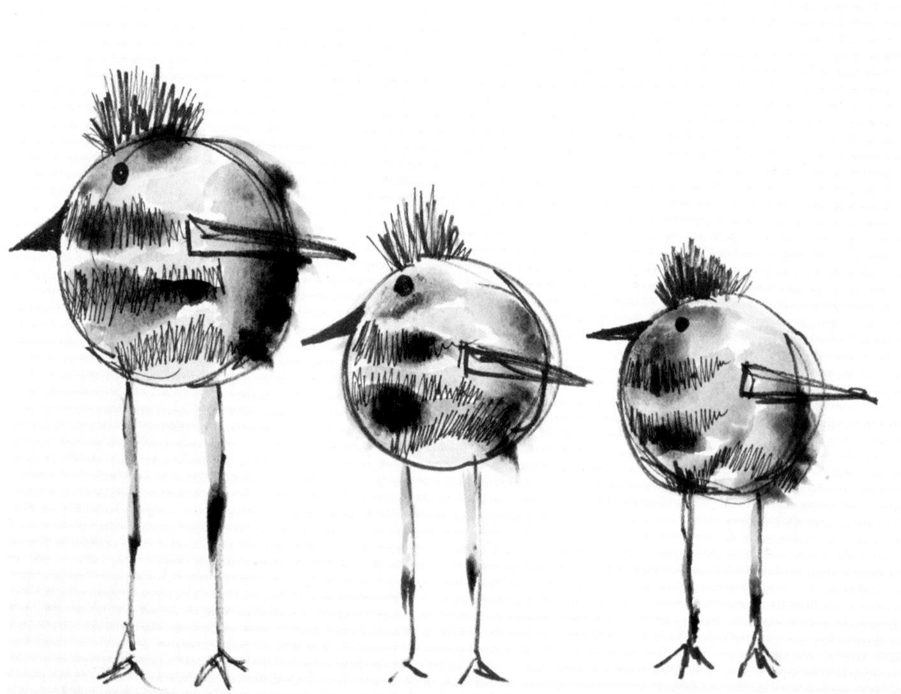

MATERIALES

- Papel de periódico o lámina grande de papel cartón
- Paleta
- Acuarela o *gouache* de color negro
- Pincel barato para mezclar
- Cartulina gruesa o papel de acuarela de color blanco
- Pincel tipo mopa o plano
- Rotulador de pintura, de gel u ordinario

A

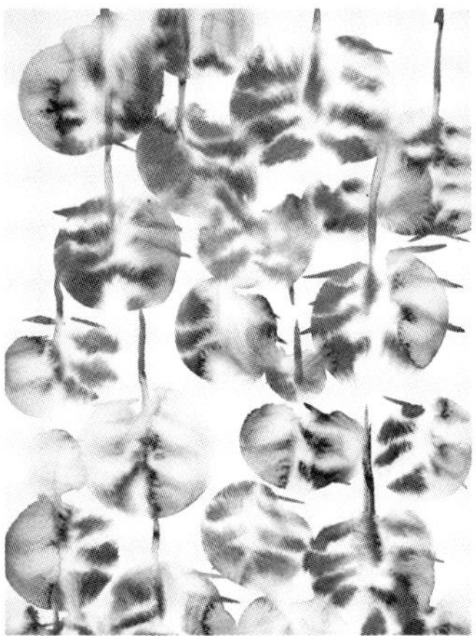

CONSEJO: coja un pincel tipo mopa o plano, póngalo en vertical y gírelo 360° para ejecutar un círculo casi perfecto.

B

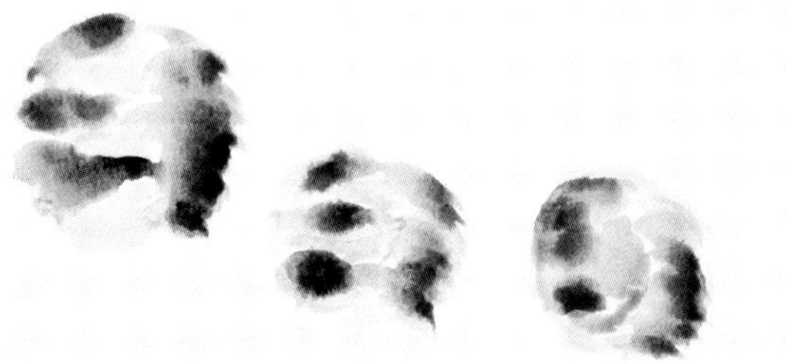

C

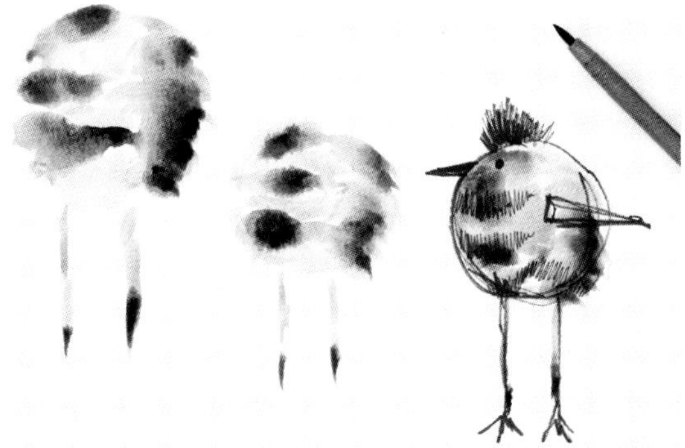

Las aguadas arbitrarias y divertidas pueden convertirse en todo tipo de animales o amigos imaginarios.

1. Cubra el espacio de trabajo con el papel de periódico o la lámina grande de papel cartón.

2. En una paleta, mezcle el *gouache* negro con agua hasta que alcance la consistencia de la acuarela. Así la pintura quedará más fina. Utilice un pincel barato para mezclar la pintura.

3. Prepare la hoja de cartulina o de papel de acuarela de color blanco. Utilícela para probar formas de aguada.

4. Moje el pincel con pintura negra y pinte suavemente los círculos. Llene la hoja para practicar. Para obtener el efecto de las plumas, apoye el pincel al comienzo del círculo y arrastre un poco la pintura. Levante el pincel y vuelva a apoyarlo; arrastre la pintura y vuelva a levantar el pincel (*véase* la figura A).

5. Prepare el papel blanco donde vaya a pintar los pájaros definitivos. Pinte tres formas circulares o libres. Déjelas secar antes de pintar con rotulador (*véase* la figura B).

6. Con el rotulador negro, cree con detalles divertidos la familia de pájaros. Añada picos, alas, patas y crestas de plumas para completar el diseño. Dele más personalidad con líneas, círculos, rayas entrecruzadas, puntos, etc. (*véase* la figura C).

Ejercicio 18:

AGUADAS, SOMBRAS Y GRADACIONES TONALES CON ROTULADOR Y PINTURA

EN ESTE EJERCICIO CREAREMOS UN BODEGÓN DE FRUTAS Y VERDURAS SUPERPONIENDO CAPAS DE *GOUACHE* BLANCO. ASÍ CREAREMOS UNA GRADACIÓN TONAL QUE DARÁ PROFUNDIDAD Y FORMA A LA REPRESENTACIÓN. TAMBIÉN SE LOGRARÁN SOMBRAS, LUCES Y TONOS MEDIOS AL AÑADIR DETALLES CON ROTULADORES DE PINTURA DE COLOR NEGRO Y BLANCO. LAS OBRAS REALIZADAS CON *GOUACHE* BLANCO SON DE UNA BELLEZA TRANQUILA Y APACIBLE.

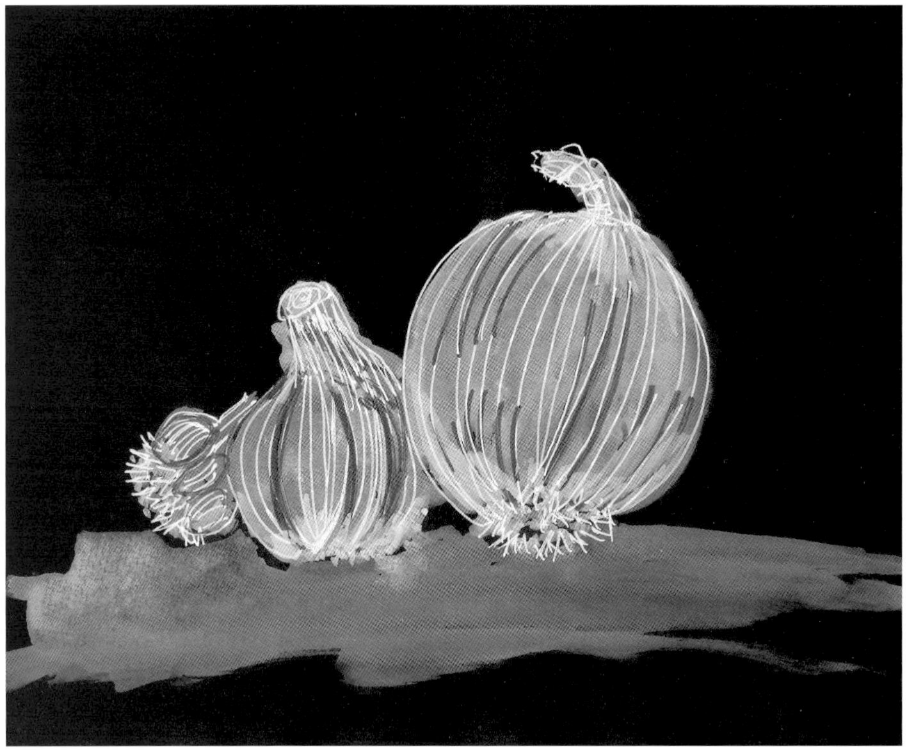

MATERIALES

- Papel de periódico o lámina grande de papel cartón
- Paleta
- *Gouache* blanco
- Pincel barato para mezclar
- Cartulina gruesa negra
- Pincel redondo o tipo mopa
- Rotulador negro permanente
- Rotuladores de gel de color blanco y negro

Ejemplos de gradación tonal en *gouache* con líneas y sin líneas.

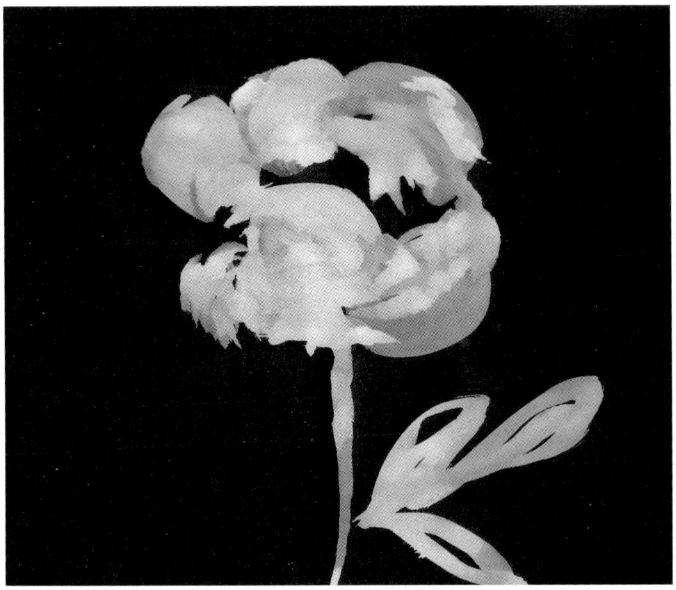

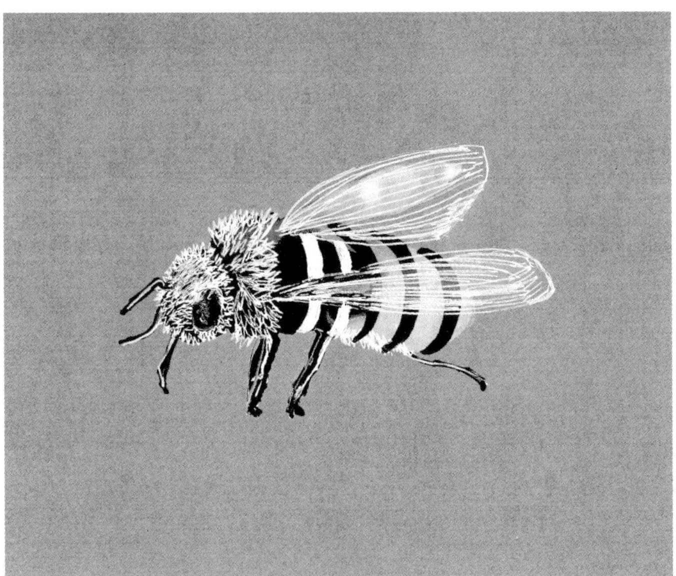

1. Cubra el espacio de trabajo con el papel de periódico o la lámina grande de papel cartón.

2. Busque un par de verduras o frutas para utilizar de referencia. Yo he utilizado una cebolla y unas cabezas de ajo.

3. Estudie la referencia para localizar los tonos oscuros, los intermedios y los reflejos.

4. En una paleta, mezcle el *gouache* blanco con diversas cantidades de agua para obtener tres grados de aguada: oscura (más densa), intermedia (término medio) y clara (más fluida). Deberá dar primero las capas de blanco fluido y transparente, luego las de consistencia media y por último las opacas. Utilice un pincel barato para mezclar.

5. Prepare el papel donde vaya a pintar. Moje un pincel redondo o tipo mopa con la aguada más ligera y clara.

CONSEJO: utilice un secador de pelo para acelerar el tiempo de secado.

CONSEJO: para utilizar una técnica de pintar sobre húmedo, no deje que la pintura se seque antes de dar la siguiente capa y deje que los colores se mezclen.

6. Pinte la base del bodegón suavemente (*véase* la figura A). Deje que la pintura se seque para utilizar la técnica de la veladura o lea el consejo de la derecha para pintar sobre húmedo.

7. Pinte una segunda capa de las formas vegetales con el *gouache* del tono medio. Busque los tonos medios en la referencia para plasmarlos en la pintura. Deje secar (*véase* la figura B).

A

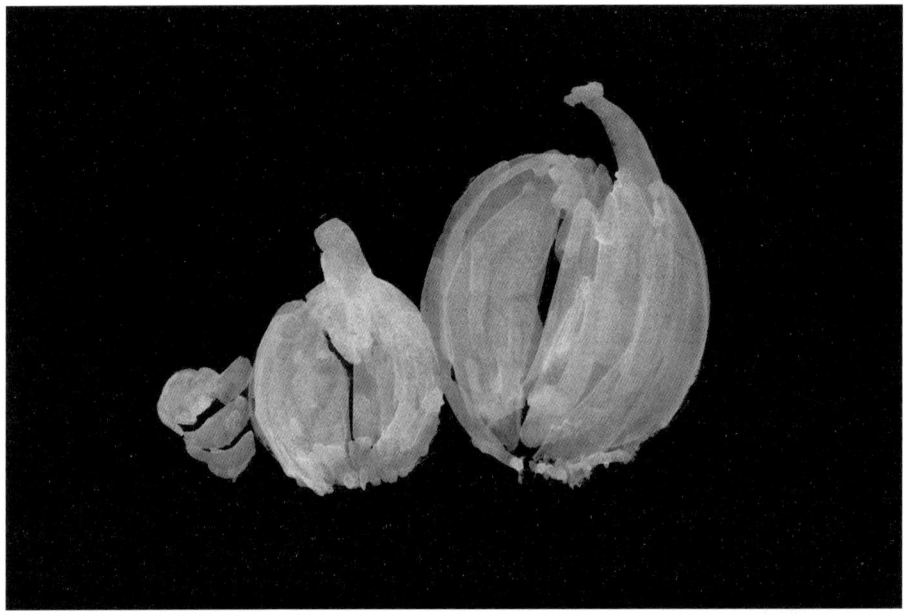

B

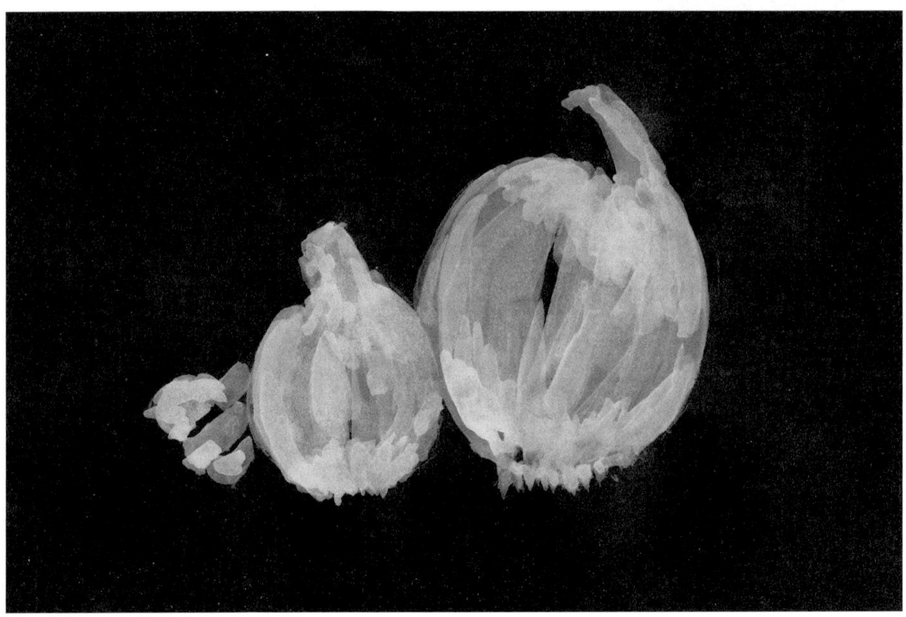

C

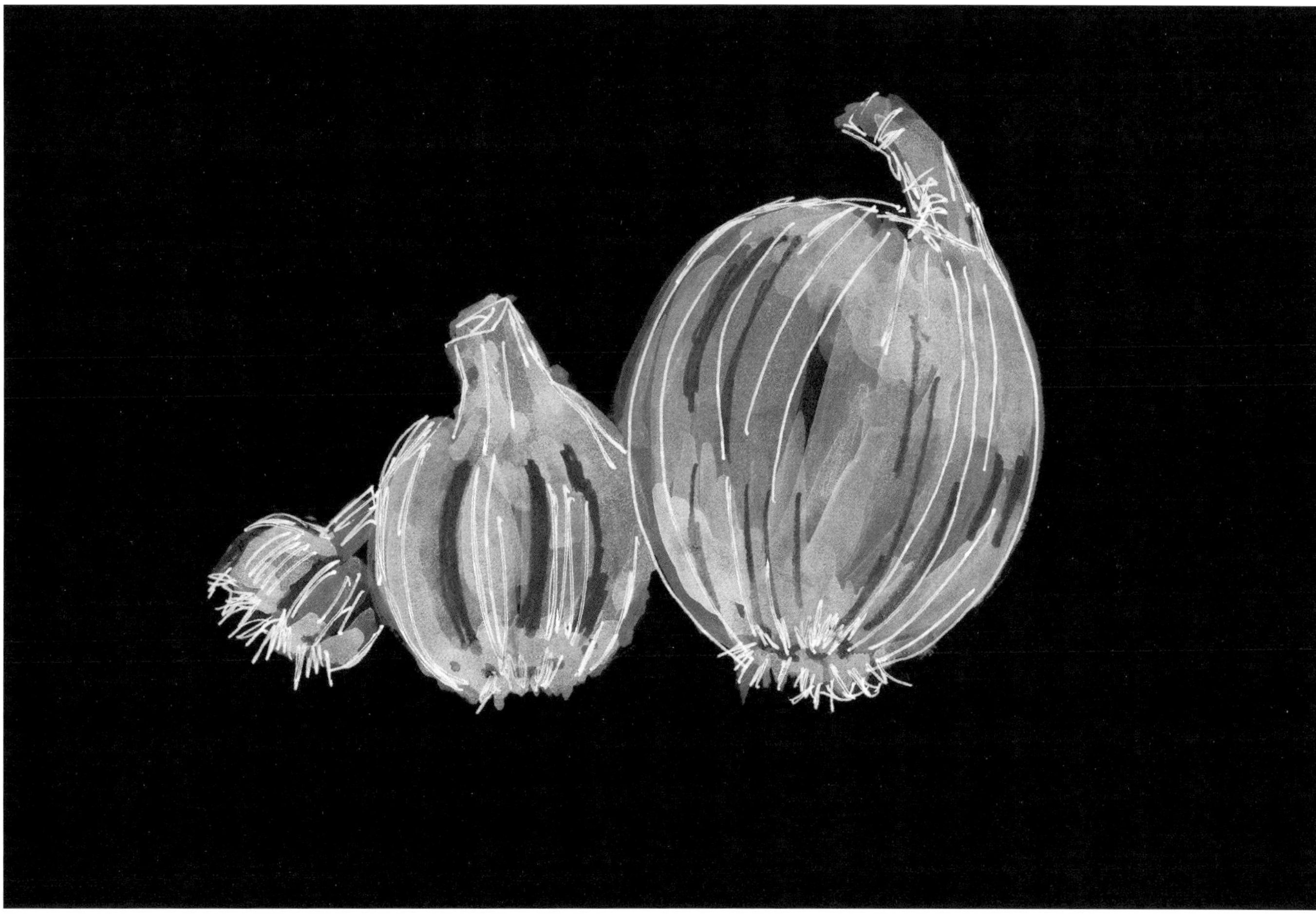

8. Para acabar la pieza, pinte unas pocas zonas oscuras y deje sin cubrir pequeñas partes de las capas inferiores para que actúen como reflejos. Así dará forma a los vegetales.

9. Deje secar el trabajo antes de pintar con los rotuladores.

10. Cree los detalles con los rotuladores. Utilice el rotulador de gel blanco o más *gouache* para los reflejos y el rotulador de gel negro o el rotulador ordinario para las zonas más oscuras (*véase* la figura C).

Ejercicio 19:

LAVADOS Y GRADACIONES TONALES CON *GOUACHE* NEGRO CON DETALLES A LÁPIZ Y ROTULADOR

EN ESTE EJERCICIO PODRÁ CREAR UNA FLOR CON LAVADOS DE *GOUACHE* NEGRO EN CAPAS DE TONOS CLAROS, INTERMEDIOS Y OSCUROS, SIGUIENDO LA TÉCNICA DE ACUARELA CORRIENTE. EL DETALLE Y LA DEFINICIÓN DE LA FLOR LOS HARÁ CON PINTURA BLANCA, LÁPIZ Y ROTULADORES DE GEL DE COLOR BLANCO Y NEGRO.

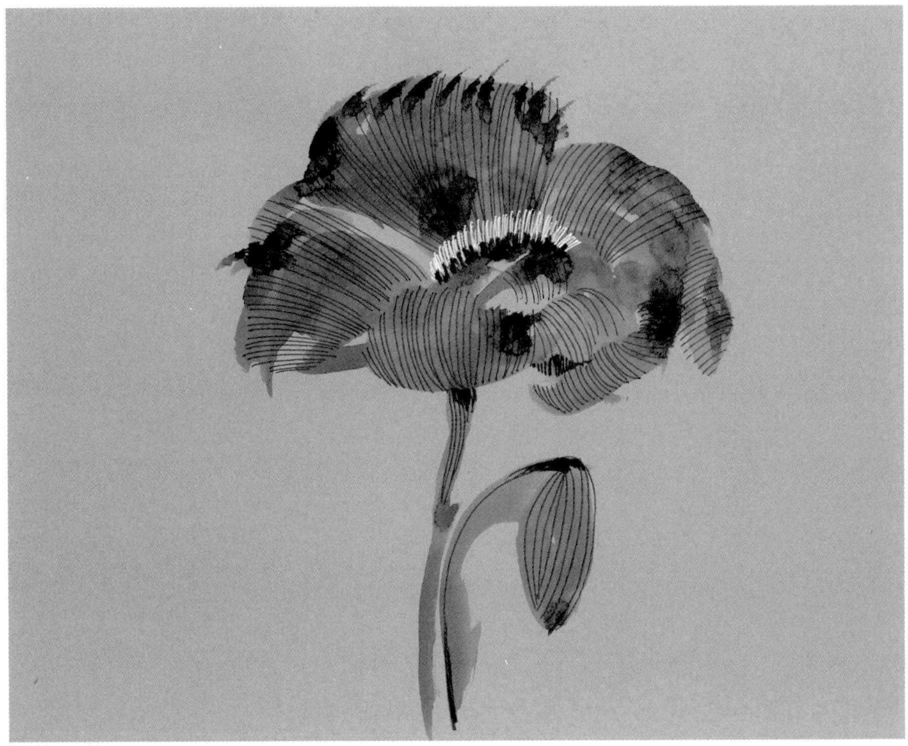

MATERIALES

- Papel de periódico o lámina grande de papel cartón
- Paleta
- *Gouache* negro
- Pincel barato para mezclar
- Cartulina gruesa o papel de acuarela de color gris
- Pincel redondo o tipo mopa
- Rotuladores de gel de color blanco y negro
- Lápiz

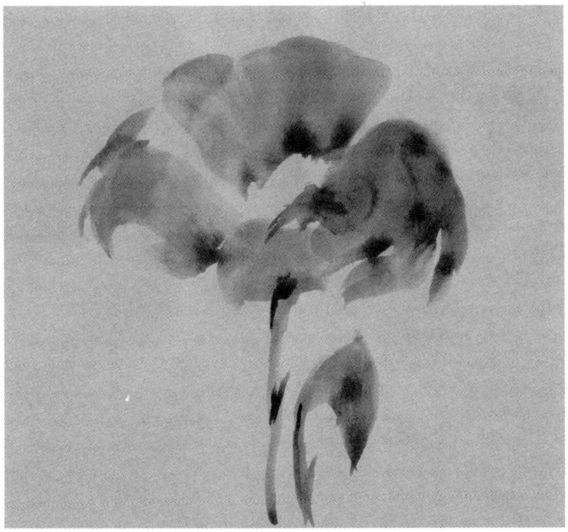

A

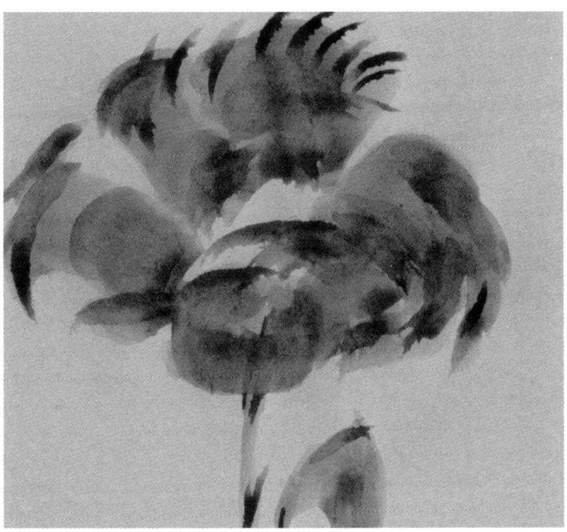

B

1. Cubra el espacio de trabajo con el papel de periódico o la lámina grande de papel cartón.

2. Busque una flor para utilizar como referencia bien sea natural o de un libro de jardinería. Elija una que presente claramente tonos oscuros, medios y claros.

3. En una paleta, mezcle el *gouache* negro con diversas cantidades de agua para obtener tres grados de aguada: oscura (más densa), intermedia (término medio) y clara (más fluida). Deberá dar primero las capas de negro fluido y transparente, luego las de consistencia media y por último las opacas. Utilice un pincel barato para mezclar.

4. Disponga el papel gris donde vaya a pintar. Moje un pincel redondo o tipo mopa con la aguada más ligera de *gouache* negro.

5. Pinte suavemente la base de los pétalos de la flor. Puede hacer bocetos de la flor previamente para utilizarlos de guía. Deje secar la pintura (*véase* la figura A).

6. Pinte una segunda capa con el tono medio de *gouache* sobre la flor. Busque los tonos medios en la referencia para plasmarlos en la pintura. Deje secar (*véase* la figura B).

7. Acabe la pieza pintando unas pocas zonas oscuras y deje sin cubrir partes pequeñas de las capas inferiores de la flor para que queden como reflejos; así dará forma a la flor (*véase* la figura C).

8. Deje que seque la pintura antes de trabajar con los rotuladores.

9. Cree detalles con los rotuladores de gel, el lápiz y el *gouache*. Use el estilo que prefiera. Yo he perfilado los pétalos de la flor para darles definición. Utilice el rotulador de gel blanco para los reflejos, el lápiz para los medios tonos y el rotulador de gel negro para las zonas más oscuras. El lápiz es muy versátil en este ejercicio porque con él se puede sombrear o hacer líneas (*véase* la figura D).

C

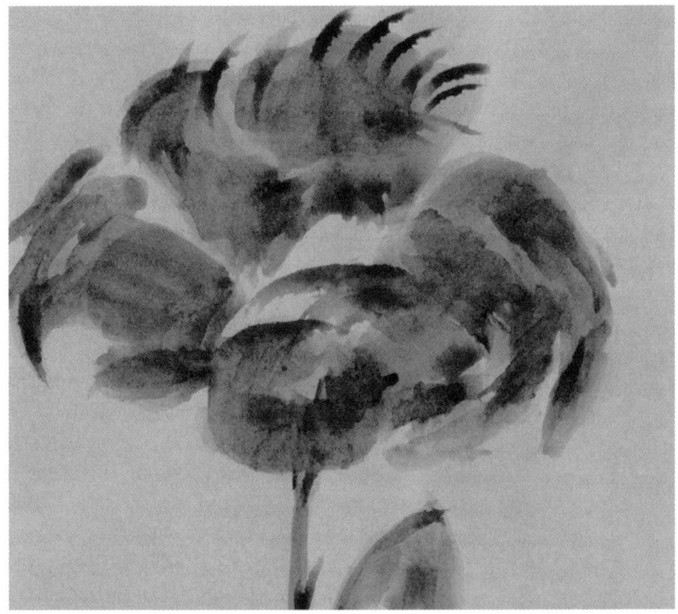

D

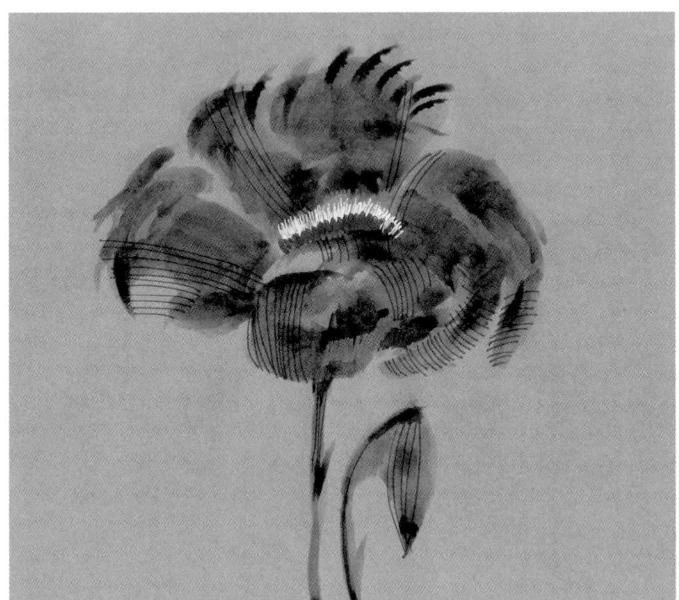

VARIACIONES

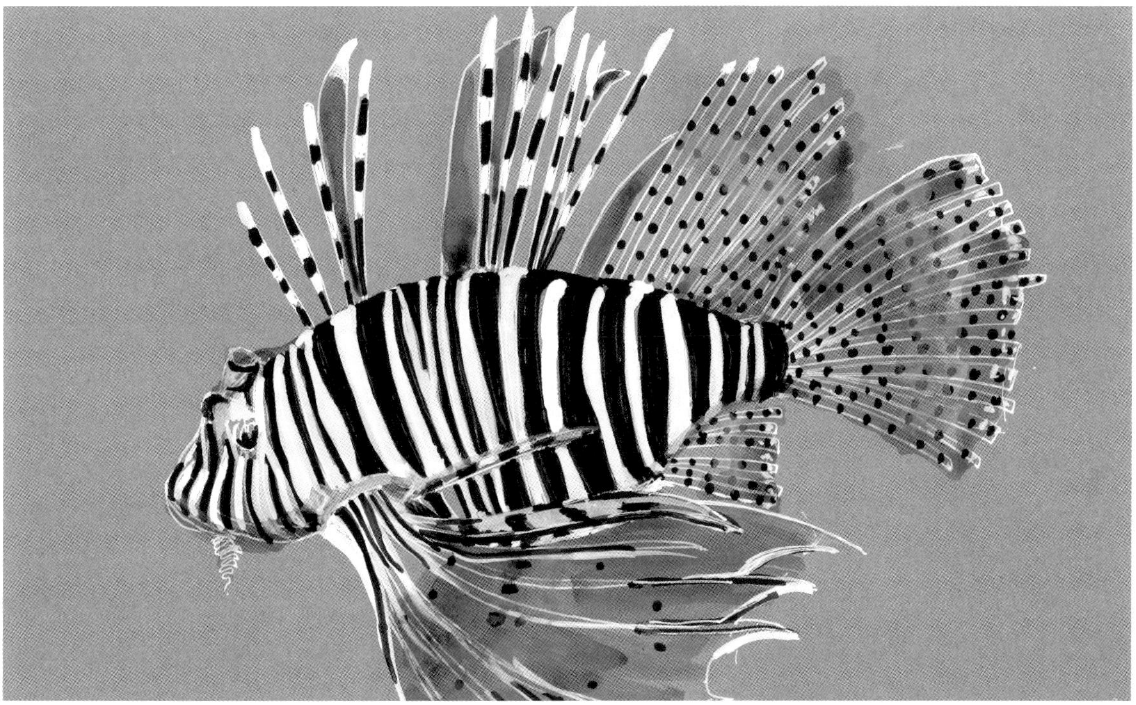

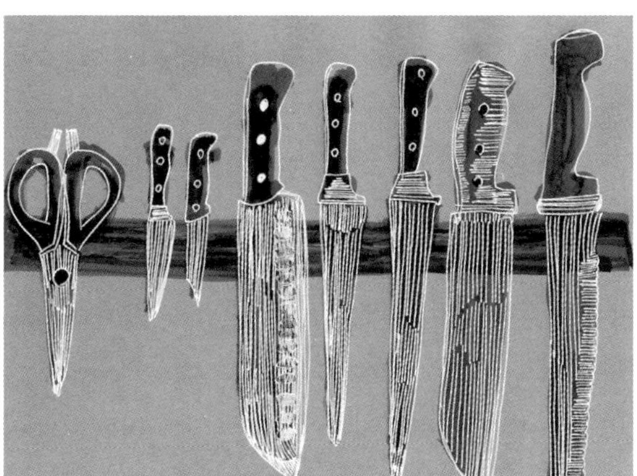

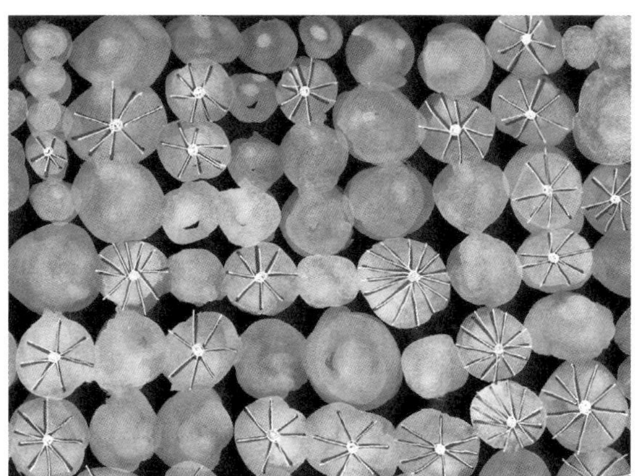

Ejercicio 20:

EL SECRETO DE LA TINTA ACRÍLICA

EN ESTE EJERCICIO JUGARÁ CON TINTA ACRÍLICA, QUE ES TRASLÚCIDA Y MUY DIFERENTE DEL *GOUACHE*. SI LE GUSTA MEZCLAR MEDIOS ES FANTÁSTICO TENER TINTA ACRÍLICA ENTRE EL MATERIAL. ES RESISTENTE AL AGUA Y MUY FLUIDA, Y SE SECA RÁPIDAMENTE. TAMBIÉN FUNCIONA BIEN PARA DAR EFECTO DE ACUARELA Y PARA LA ESTAMPACIÓN. AL ARRASTRAR LA TINTA POR EL PAPEL SU CARÁCTER FLUIDO RESULTA FABULOSO.

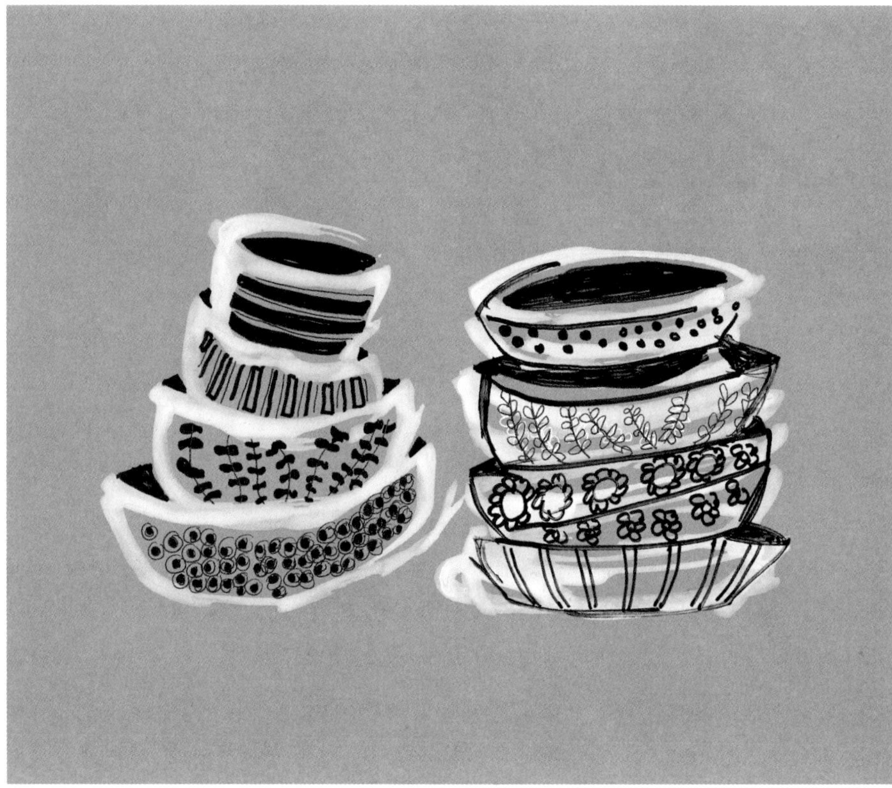

MATERIALES

- Papel de periódico o lámina grande de papel cartón
- Cartulina gruesa gris
- Paleta con receptáculos convexos
- Pincel redondo
- Tintas acrílicas en negro y blanco
- Rotulador de gel negro o blanco
- *Gouache* (opcional)

1. Cubra el espacio de trabajo con el papel de periódico o la lámina grande de papel cartón.

2. Busque referencias en la cocina. Coja unos cuencos y apílelos para montar el bodegón.

3. Prepare el papel gris donde vaya a pintar. Ponga unas gotas de tinta blanca en la paleta. Moje el pincel redondo en la tinta y pinte las formas de los cuencos. Dé unas pocas pinceladas para sacar las luces y la forma. Deje secar.

4. Utilice la tinta negra para pintar los detalles. Como es resistente al agua, puede crear los detalles con otro medio si lo desea. Deje secar antes de pasar al trabajo con los rotuladores si quiere añadir otra capa de detalle.

5. La belleza de este medio tan versátil es que se puede trazar una línea expresiva y luego jugar con *gouache*, acuarela o más tinta sin que se corra. Se puede trabajar también al revés aplicando primero una aguada y luego trazando las líneas de tinta, que no se correrán.

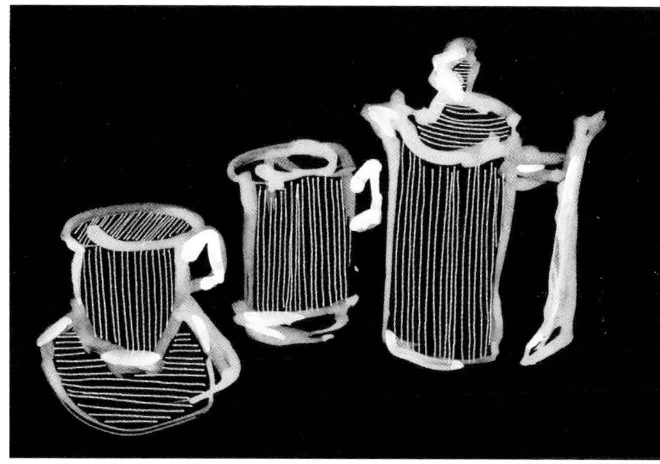

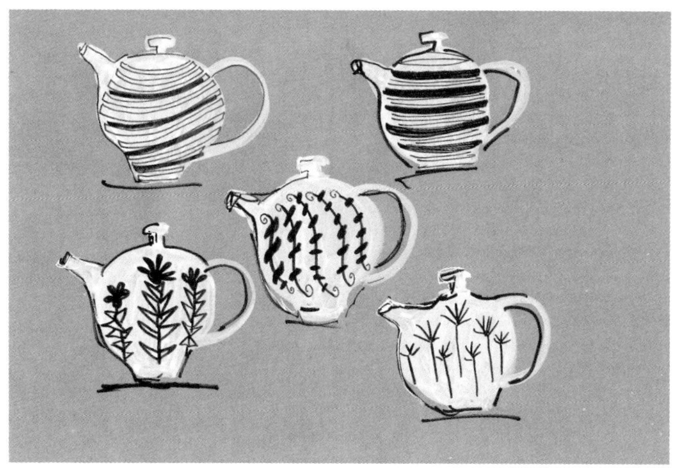

Ejercicio 21:

ESCRITURA CON PINCELES DE SUMI-E

EN ESTE EJERCICIO DESCUBRIRÁ LA BELLEZA DE SU PROPIA ESCRITURA CON UN PINCEL DE SUMI-E. RESULTA UN MODO EXCELENTE DE AÑADIR PALABRAS A LAS PIEZAS O DE CREAR PIEZAS SOLO CON ESCRITURA. EXPRÉSESE CON LAS LÍNEAS, LOS TRAZOS Y LAS CURVAS. DÉJELAS FLUIR. SU ESTILO VENDRÁ DADO POR EL RITMO DE LA MANO MIENTRAS CREA SUS LETRAS DE MOLDE O CALIGRÁFICAS.

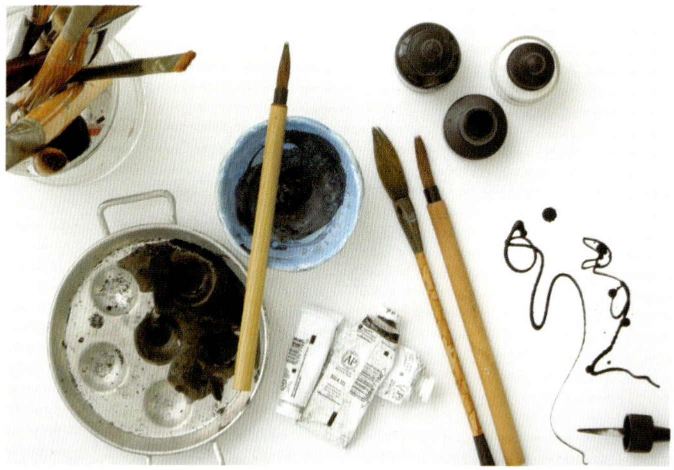

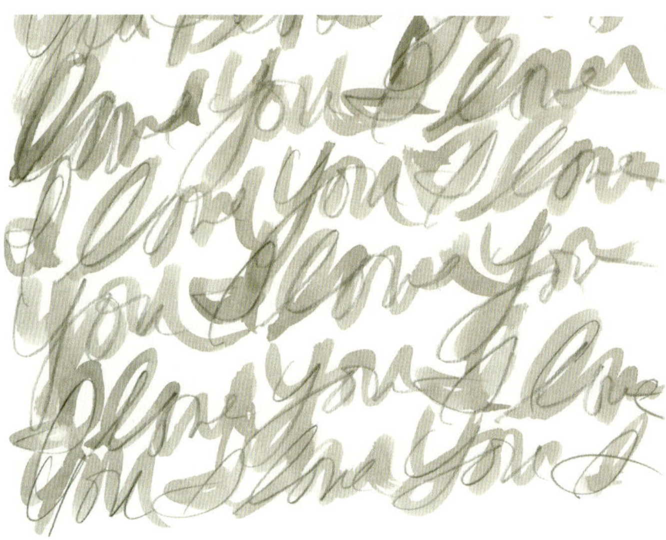

MATERIALES

- Papel de periódico o lámina grande de papel cartón
- *Gouache* o tinta acrílica negra
- Paleta
- Pincel barato para mezclar
- Pincel de sumi-e (yo uso un 2, 4 o 6)
- 30 o más hojas de papel de impresora
- Una palabra o una cita favoritas
- Papel de acuarela para el trabajo final

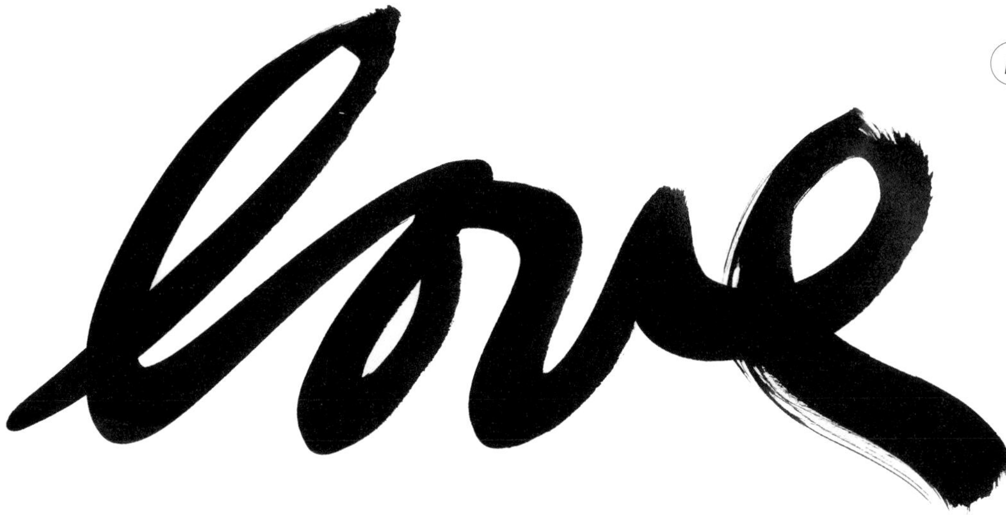

A

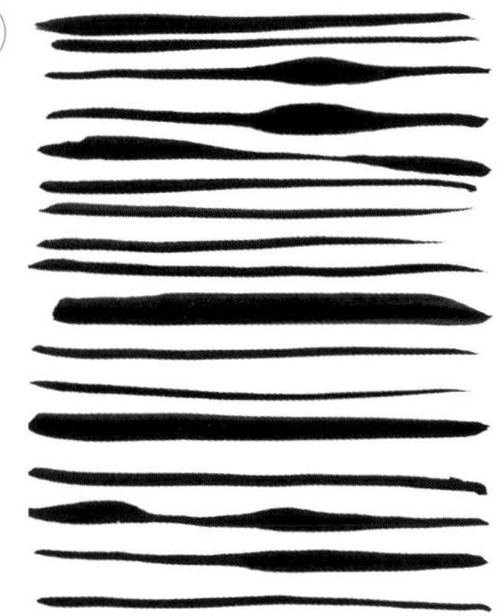

1. Cubra el espacio de trabajo con el papel de periódico o la lámina grande de papel cartón.

2. Ponga unas gotas abundantes de *gouache* en la paleta y añada agua lentamente. Mezcle el *gouache* hasta lograr una consistencia cremosa similar a la del yogur. Utilice un pincel barato para mezclar la pintura.

3. Moje el pincel de sumi-e en la pintura y presiónelo contra el borde de la paleta para retirar el exceso.

4. Sujete el pincel como un lápiz o totalmente perpendicular a la hoja. Encuentre la manera que le sea más cómoda. Pinte de pie para trabajar con todo el cuerpo.

5. El primer ejercicio es trabajar con líneas. Ejecute líneas finas, intermedias y gruesas con la punta del pincel. Trabaje de izquierda a derecha y de arriba abajo creando filas en toda la hoja. Comprobará cuánto le dura la pintura en el pincel hasta que tenga que volver a mojarlo. Haga cinco hojas de esta forma (*véase* la figura A).

B

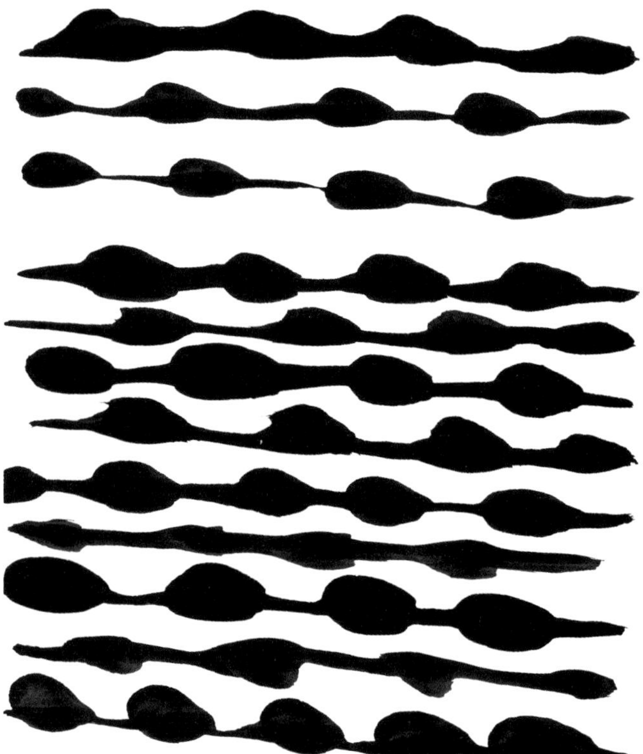

C

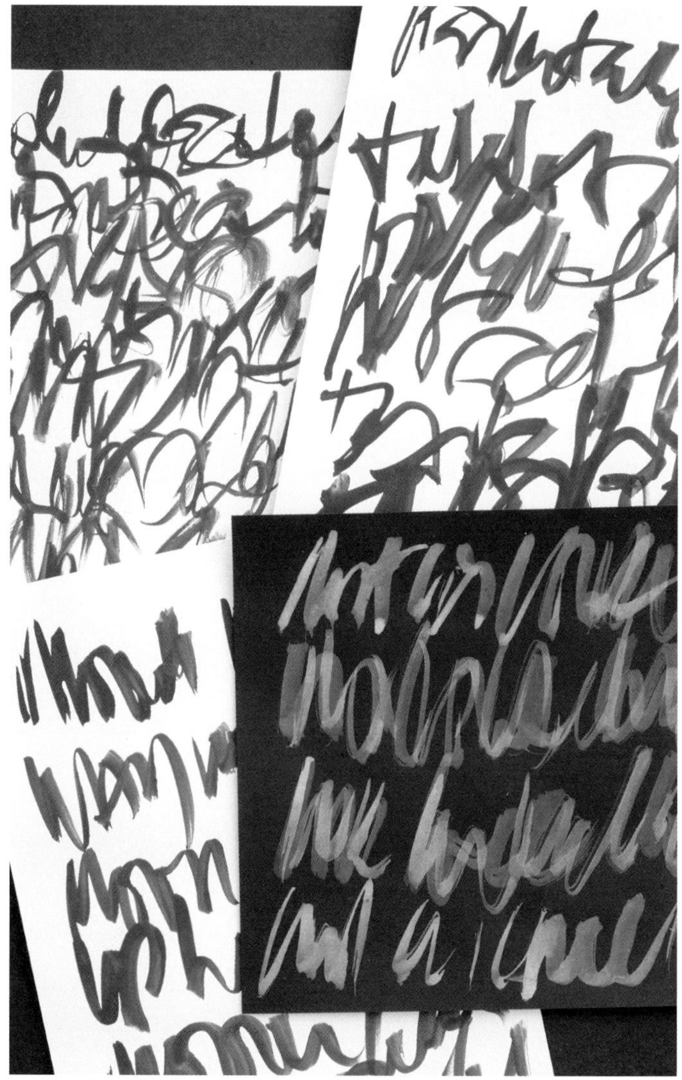

6. El segundo ejercicio es trazar líneas que vayan variando en grosor. Moje el pincel en la pintura y dispóngase a trazar una línea de izquierda a derecha. Para ello deberá variar la presión que aplica al pincel mientras avanza por la hoja sin levantarlo del papel. Repita el ritmo de presionar y aflojar entre tres y cinco veces por fila. Trabaje de izquierda a derecha y de arriba abajo hasta llenar toda la página. Haga cinco páginas en total (*véase* la figura B).

7. El tercer ejercicio es llenar la página de bucles con movimientos circulares. Esta práctica sirve para emular la escritura caligráfica. Moje el pincel en la pintura y adelante. Haga varios bucles moviendo el pincel en el sentido de las agujas del reloj y luego pase a moverlo en el sentido contrario. Llene cinco páginas en total. Este ejercicio se asemeja a la llamada escritura asémica, que combina el aspecto de la escritura caligráfica con el arte abstracto (no se representan palabras de ningún alfabeto, el sentido es meramente artístico). También puede divertirse trazando una escritura «falsa» (*véase* la figura C).

8. Ya está listo para pasar a un ejercicio de palabras o alfabeto. Practique escribiendo palabras o el alfabeto en letra caligráfica o de molde. Si ciertas letras le atraen más que otras, trace estas para divertirse. Mis letras favoritas son la a y la e.

9. Comience escribiendo su nombre. Pruebe a escribir el alfabeto en mayúsculas, luego en minúsculas y después mezclándolas.

10. Muévase al ritmo del pincel mientras evoluciona por la página. Juegue con la escala y haga algunas letras más grandes o más pequeñas que las otras para crear variedad. Recuerde sujetar el pincel como un lápiz o totalmente perpendicular a la hoja. Compruebe qué le resulta más cómodo mientras conecta las letras. Preste atención a cuántas letras puede escribir antes de tener que mojar el pincel de nuevo, pues le resultará muy práctico saberlo cuando esté realizando la obra final. Al final de estos ejercicios, habrá hallado su letra personal.

11. Para la pieza final, pinte su cita favorita en papel de acuarela.

12. Para limpiar, enjuague el pincel con agua caliente, estire bien las cerdas y déjelo secar en horizontal.

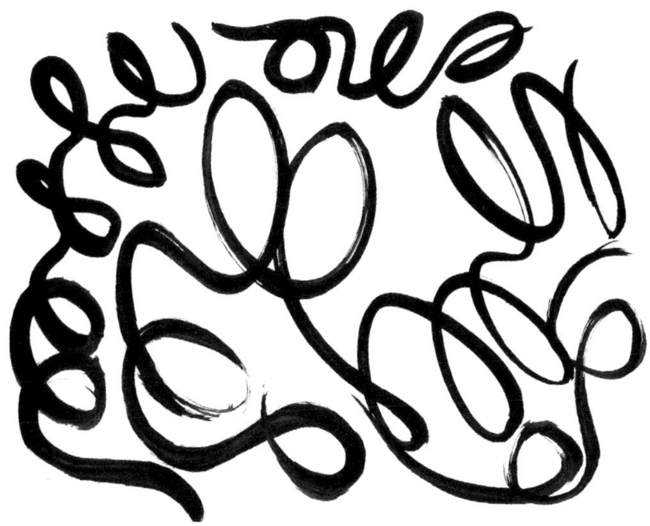

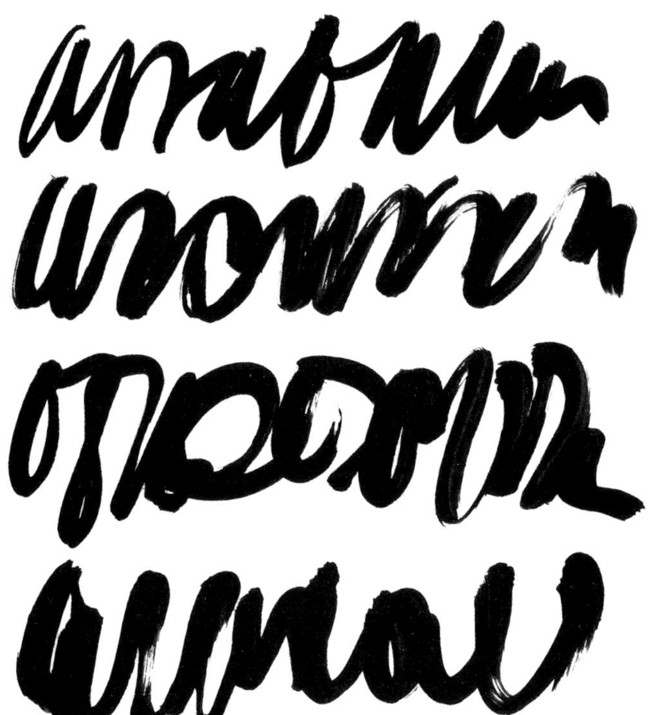

Ejercicio 22:

TIRAS DE PAPEL RASGADO

EXPLORE EL DISEÑO SIN REGLAS USANDO PAPEL RASGADO. ESTE EJERCICIO TÁCTIL Y LÚDICO TIENE APLICACIONES Y POSIBILIDADES DE DISEÑO ILIMITADAS. EN ESTE EJERCICIO VAMOS A LLENAR UNA HOJA DE TIRAS RASGADAS QUE, CON SUS BORDES ASERRADOS, PRESENTAN UN EFECTO PICTÓRICO ABSTRACTO.

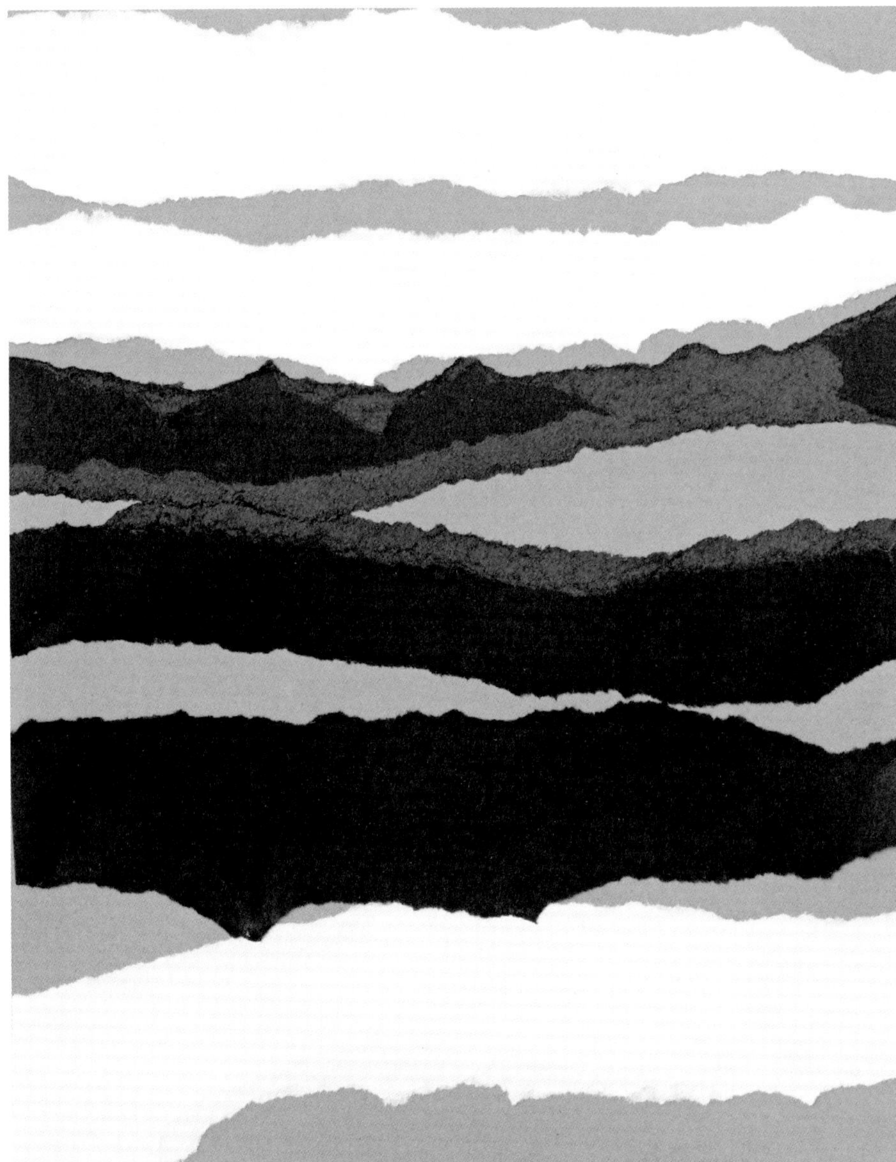

MATERIALES

- Papel de periódico o lámina grande de papel cartón
- Hojas de papel o cartulina fina de color negro y blanco para rasgar, 25,4 x 20,3 cm
- Cartulina gruesa de color gris para el fondo, 25,4 x 20,3 cm
- Pincel plano barato para aplicar la cola o el gel adhesivo
- Cola o gel adhesivo

1. Cubra el espacio de trabajo con el papel de periódico o la lámina grande de papel cartón.

2. Rasgue en tiras las hojas de papel de color negro y blanco por el lado que mide 25,4 cm. Las tiras serán de 20,3 cm de largo.

3. Disponga las tiras sobre la cartulina gris contrastando del modo que prefiera. Coloque todas las que le quepan. Llene el espacio de arriba abajo y deje que en algunas zonas se vea el contraste con el gris. Obtendrá un aspecto pictórico de ondas.

4. Aplique con un pincel el adhesivo en la parte posterior de las tiras y péguelas en el papel.

5. Ponga encima un libro pesado hasta que se seque.

Ejercicio 23:

CÍRCULOS DE PAPEL RASGADO

CONTINÚE EXPLORANDO DISEÑOS SIMPLES SIN REGLAS CON CÍRCULOS DE PAPEL RASGADO. RASGANDO PAPEL PUEDE CREAR FORMAS ORGÁNICAS Y PICTÓRICAS QUE LE PERMITIRÁN CREAR SU PROPIO MOSAICO DE ARTE MODERNO.

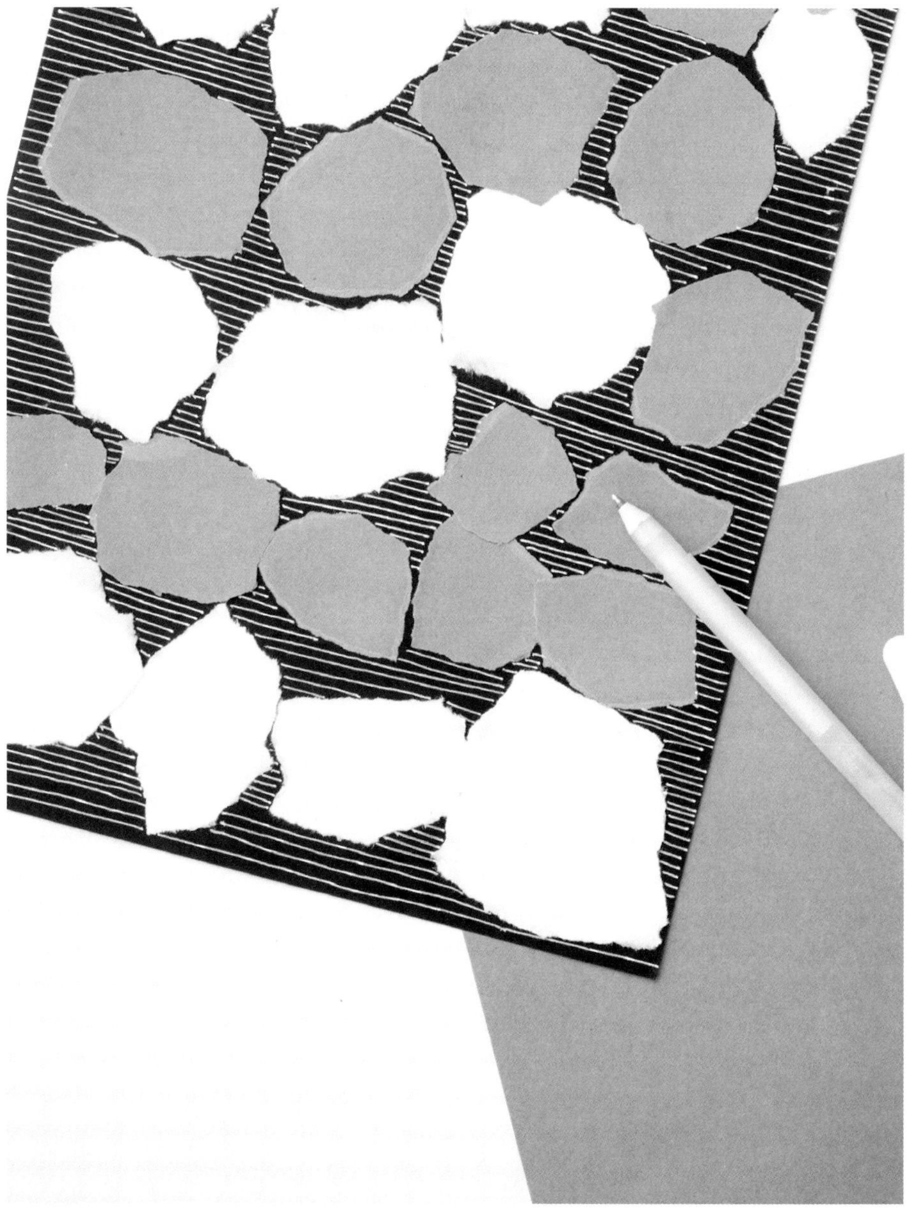

MATERIALES

- Papel de periódico o lámina grande de papel cartón
- Papel o cartulina fina de color gris y blanco para rasgar
- Cartulina gruesa negra de fondo
- Pincel plano barato para aplicar la cola o el gel adhesivo
- Cola o gel adhesivo
- Rotulador de gel blanco

A

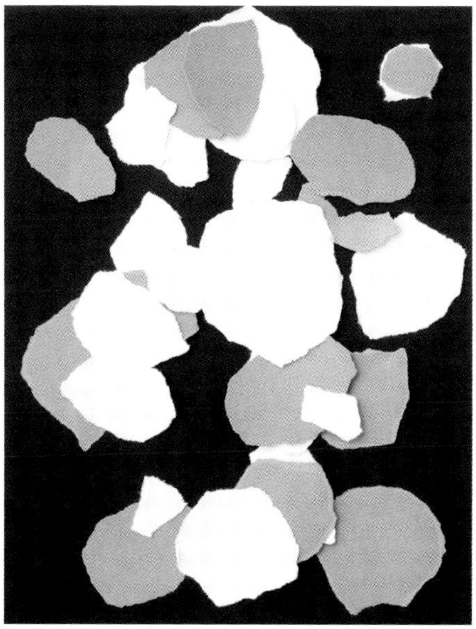

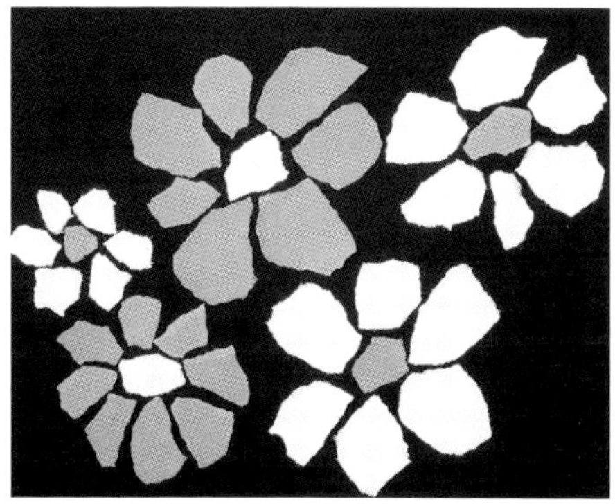

B

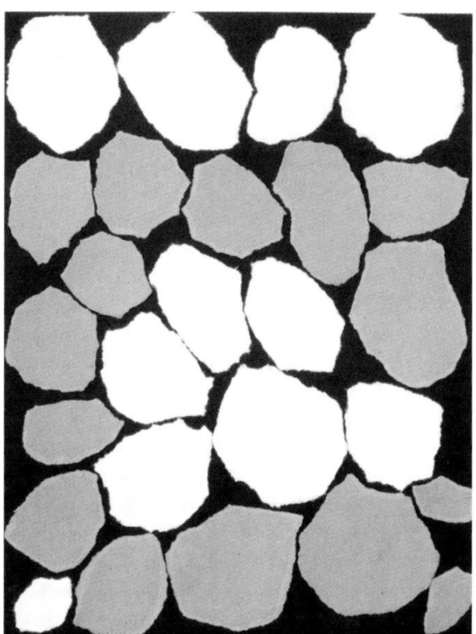

1. Cubra el espacio de trabajo con el papel de periódico o la lámina grande de papel cartón.

2. Rasgue círculos de papel gris y blanco. Dé variedad rasgándolos de distintos tamaños (*véase* la figura A).

3. Disponga los círculos en la cartulina negra a contraste del modo que elija (*véase* la figura B).

4. Aplique con un pincel el adhesivo en la parte posterior de los círculos y péguelos en el papel.

5. Ponga encima un libro pesado hasta que se seque.

6. Para añadir variedad, trace líneas direccionales en los espacios negativos con el rotulador de gel blanco.

Ejercicio 24:

CORTAR, DOBLAR Y PEGAR

EN ESTE EJERCICIO EXPLORARÁ MÁS IDEAS DE DISEÑO CON PAPEL CORTADO Y PLEGADO. ESTE EJERCICIO ES FÁCIL Y DIVERTIDO, Y HARÁ SALIR A SU NIÑO INTERIOR.

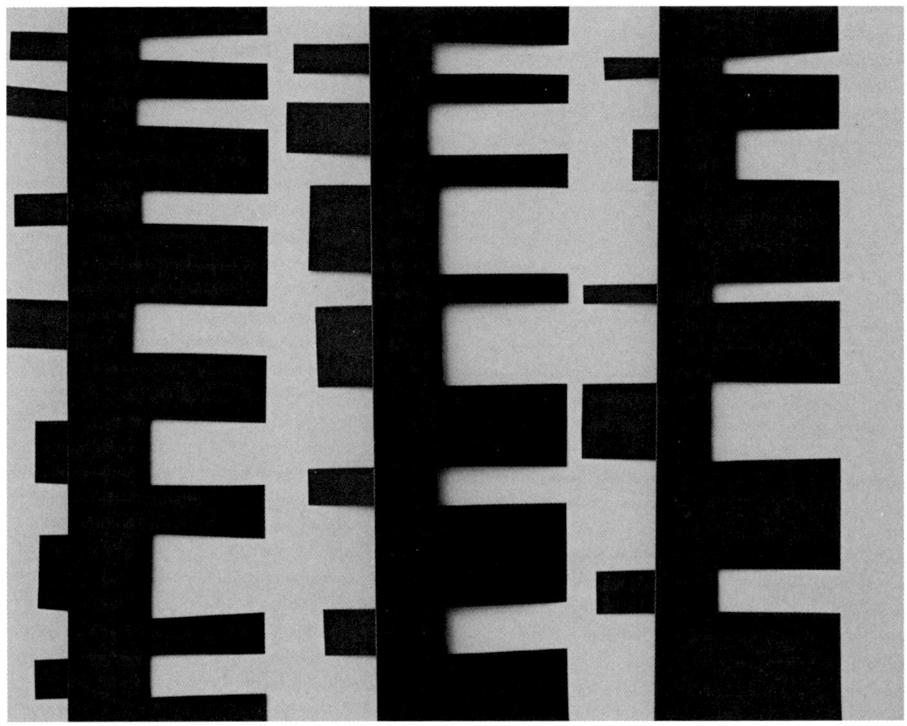

A

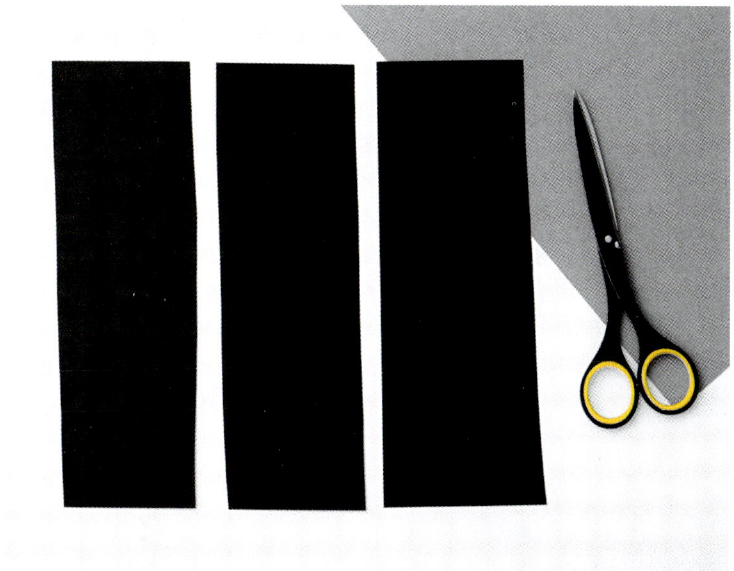

B

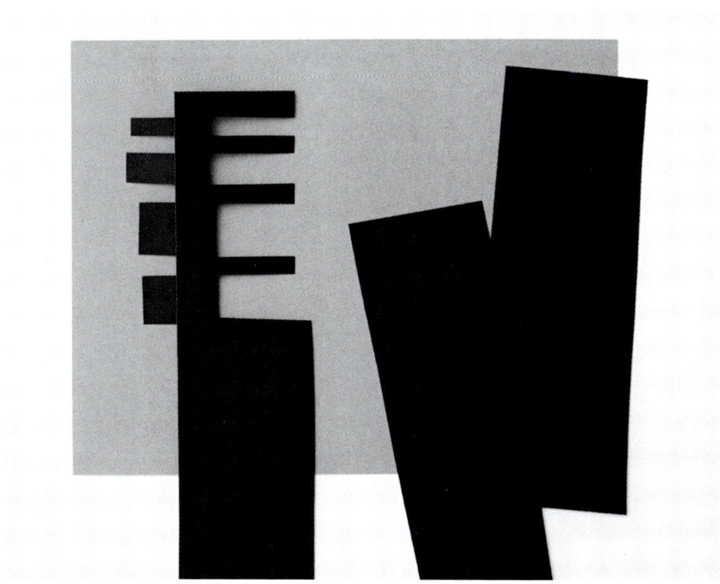

1. Cubra el espacio de trabajo con el papel de periódico o la lámina grande de papel cartón.

2. Con tijeras o una cuchilla de manualidades y una regla, corte tres tiras de cartulina negra que midan aproximadamente 5,7 x 20,3 cm (*véase* la figura A).

3. Haga entre 12 y 14 cortes en la tira comenzando a 2 cm del borde. Espacie los cortes como desee.

4. Doble las piezas cortadas empezando a 2 cm del borde y de manera alterna. Las piezas dobladas sobresaldrán como se muestra en la figura B.

MATERIALES

- Papel de periódico o lámina grande de papel cartón
- Tijeras
- Cúter
- Regla
- Cartulina gruesa de color negro, 21,6 x 28 cm
- Cartulina fina, gruesa o papel Bristol de color blanco o gris, 21,6 x 28 cm
- Pincel plano barato para aplicar la cola o el gel adhesivo
- Cola o gel adhesivo

C

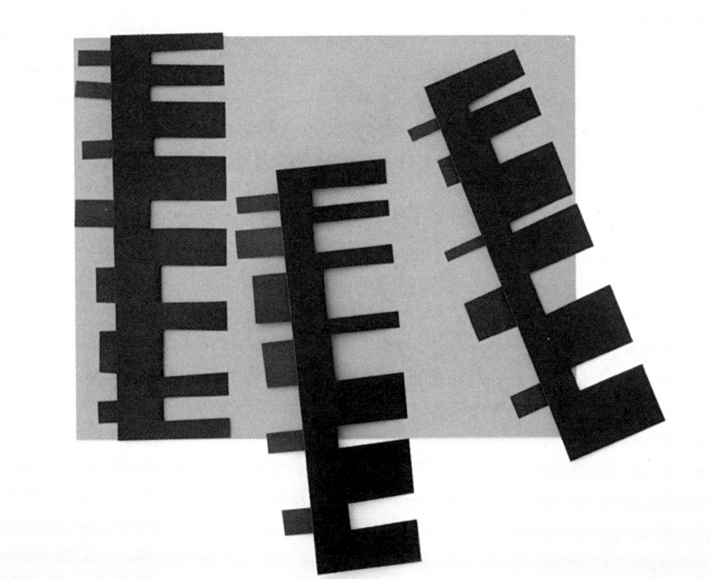

D

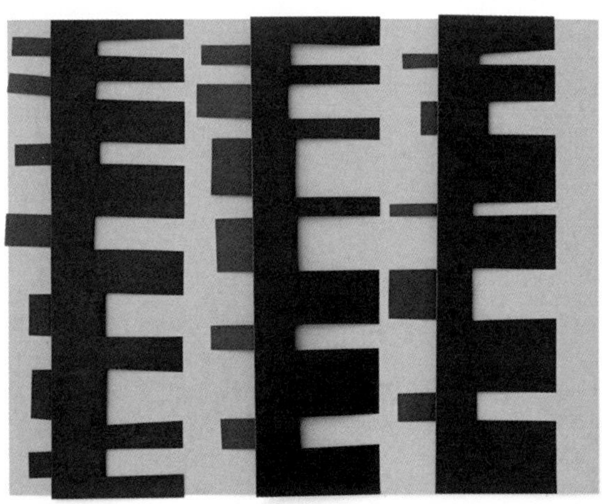

5. Dé la vuelta a la tira para que no se vean los dobleces (*véase* la figura C).

6. Disponga la hoja de cartulina blanca o gris en su espacio de trabajo.

7. Aplique con un pincel la cola en la parte posterior de la primera tira y, dejando sitio para el resto de las tiras, péguela en la parte izquierda de la cartulina. Este es su punto de partida. Las dos siguientes tiras las colocará junto a esta. Córtelas y dóblelas como hizo en los pasos 3 y 4. Péguelas a continuación (*véase* la figura D).

8. Coloque un libro pesado encima y déjelo secar.

VARIACIONES

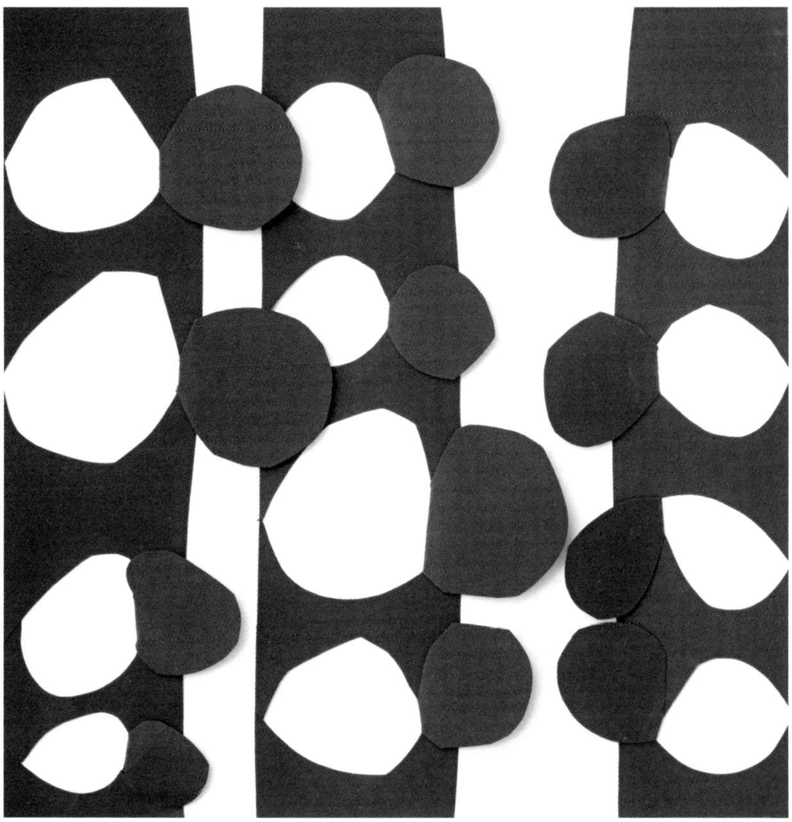

Círculos recortados
en las tiras de papel

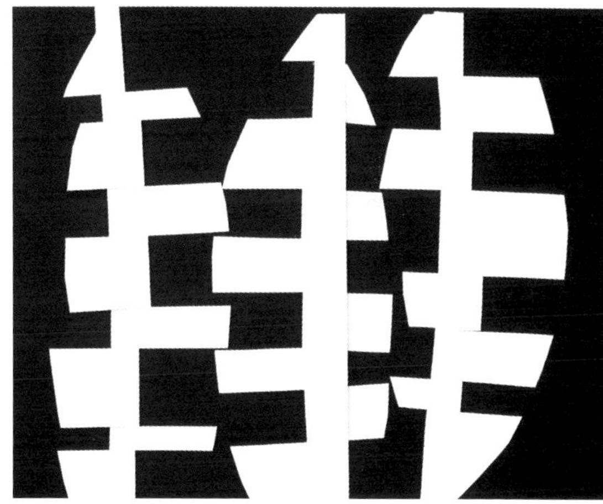

Tiras cortadas
de forma oval

MATERIALES

- Papel de periódico o lámina grande de papel cartón
- Tijeras
- Cartulina fina, gruesa o papel Bristol de color blanco
- Cúter
- Cartulina fina o gruesa de color negro
- Pincel plano barato para aplicar la cola o el gel adhesivo
- Cola o gel adhesivo
- Regla de borde recto

Ejercicio 25:

PINTAR CON TIJERAS

EN ESTE EJERCICIO EXPLORAMOS COMPOSICIONES DINÁMICAS CON FORMAS DE PAPEL CORTADO COMO CÍRCULOS, TRIÁNGULOS, MEDIAS LUNAS Y MUCHO MÁS. AUNQUE LAS FORMAS SON TAN SIMPLES, SU EMPLEO EN GRAN NÚMERO LAS DOTA DE FUERZA GRÁFICA. GUARDE FORMAS CORTADAS EN CAJITAS PARA JUGAR CON ELLAS SI NECESITA INSPIRACIÓN.

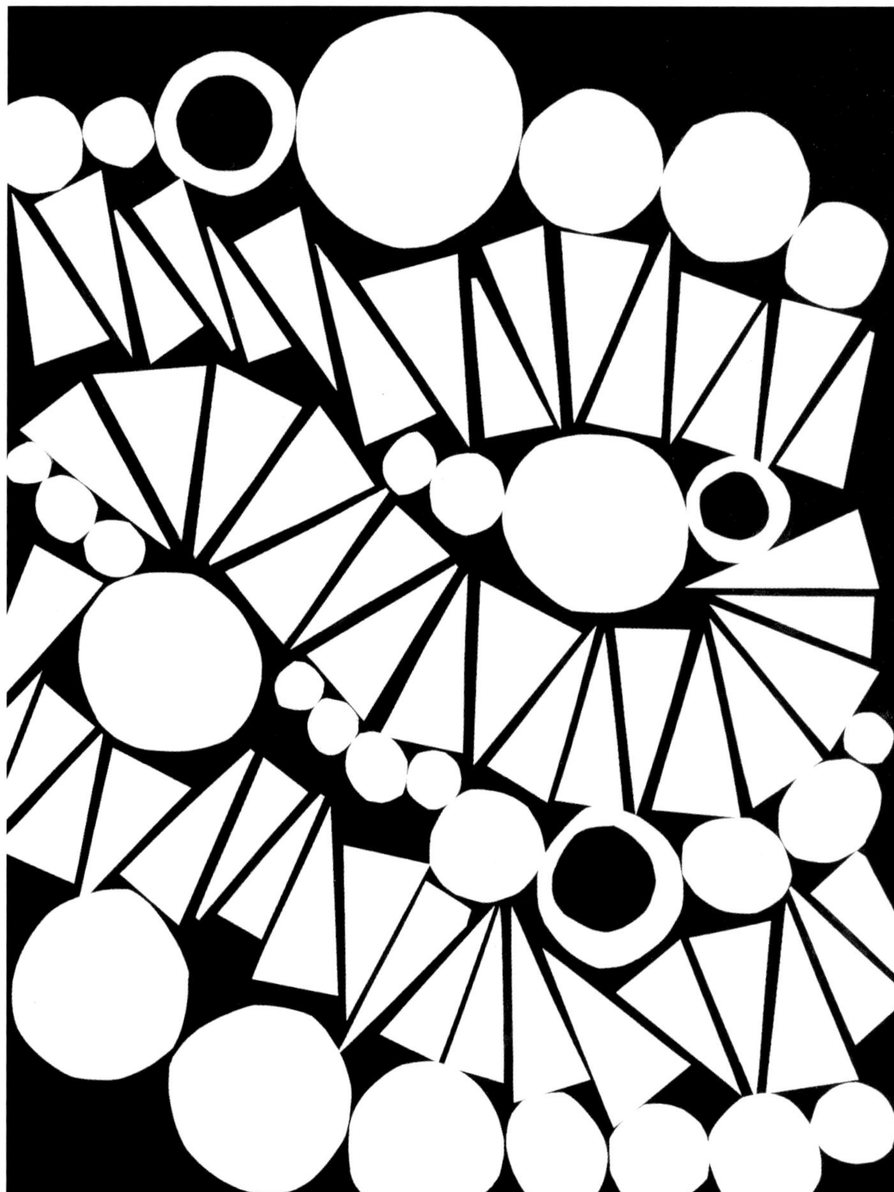

1. Cubra el espacio de trabajo con el papel de periódico o la lámina grande de papel cartón.

2. Corte con las tijeras 26 círculos de cartulina blanca.

3. Coja entre tres y seis de los círculos y recorte otro círculo en el medio. Esta nueva forma se intercalará entre los círculos completos.

4. Corte 50 triángulos de cartulina blanca.

5. Disponga la hoja negra en la superficie de trabajo.

6. Aplique con un pincel la cola adhesiva en la parte posterior de un círculo y colóquelo en la esquina superior izquierda del papel. Este será el punto de partida. Coja otro círculo, aplíquele el adhesivo y colóquelo junto al primer círculo de modo que lo toque levemente. Continúe pegando y colocando círculos hasta crear una línea que acabe en el borde derecho del papel. La fila puede curvarse y moverse a lo largo de la página describiendo cualquier tipo de onda.

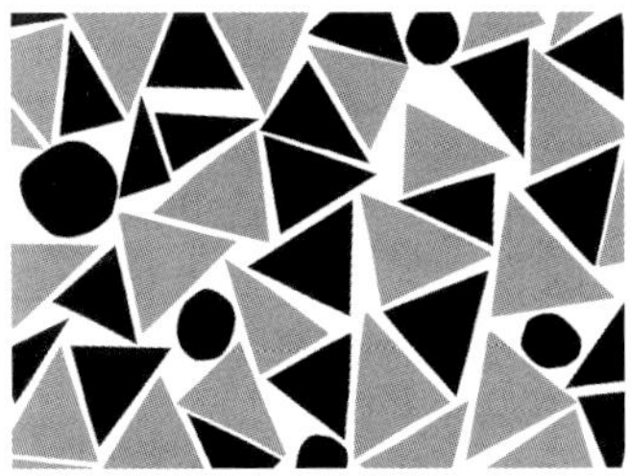

7. Aplique adhesivo en la parte posterior de un triángulo y colóquelo en el lado izquierdo del papel, bajo el primer círculo de la fila anterior. Continúe pegando y colocando formas de triángulos por la página hasta llegar al borde derecho del papel. Siga la línea orgánica que creó con la primera fila de círculos. Los triángulos deben estar juntos, pero sin tocarse, creando ritmo y líneas de espacio negativo en la pieza.

8. Tras completar las dos primeras filas del diseño, continúe pegando y colocando de izquierda a derecha para llenar el espacio con las formas recortadas.

9. Si alguna de las formas sobresale del borde del papel, recorte el exceso haciendo uso de una regla de borde recto y un cúter.

10. Coloque encima un libro pesado y déjelo secar.

VARIACIONES

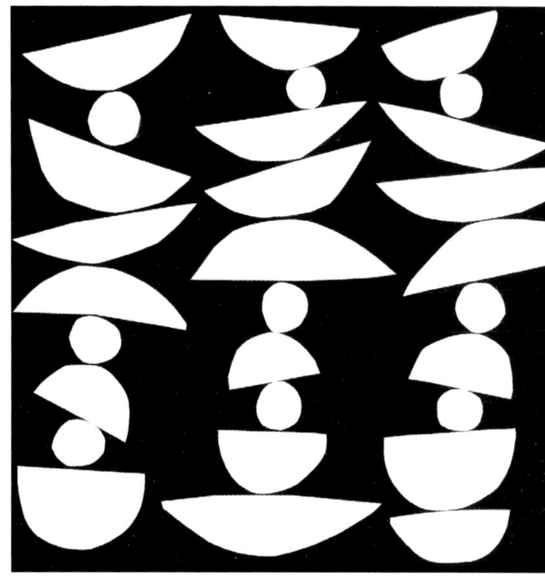

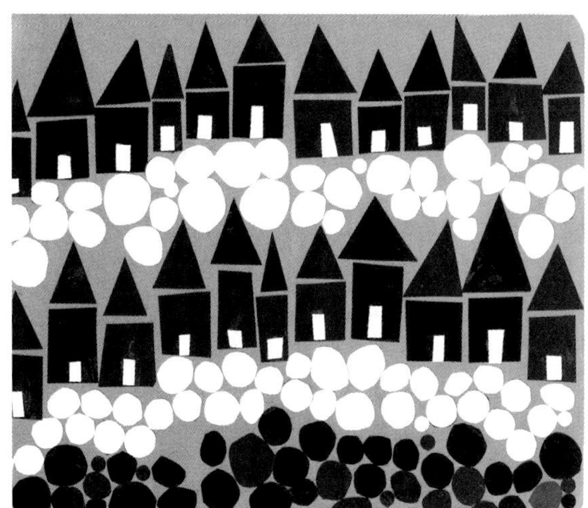

MATERIALES

- Papel de periódico o lámina grande de papel cartón
- Tijeras o cúter
- Cartulina fina o gruesa de color negro
- Pincel plano barato para aplicar la cola o el gel adhesivo
- Cola o gel adhesivo
- Cartulina fina o gruesa de color gris
- Rotulador de gel blanco

Ejercicio 26:

DIVERSIÓN CON PAPEL CORTADO

CON ESTA COMPOSICIÓN CREAREMOS HERMOSAS ESTRELLAS DE ROMBOS. COMENZAMOS CON PAPEL CORTADO PARA OBTENER LA FORMA PRIMARIA Y LUEGO AÑADIMOS DETALLES DECORATIVOS CON LÍNEAS Y OTROS TRAZOS.

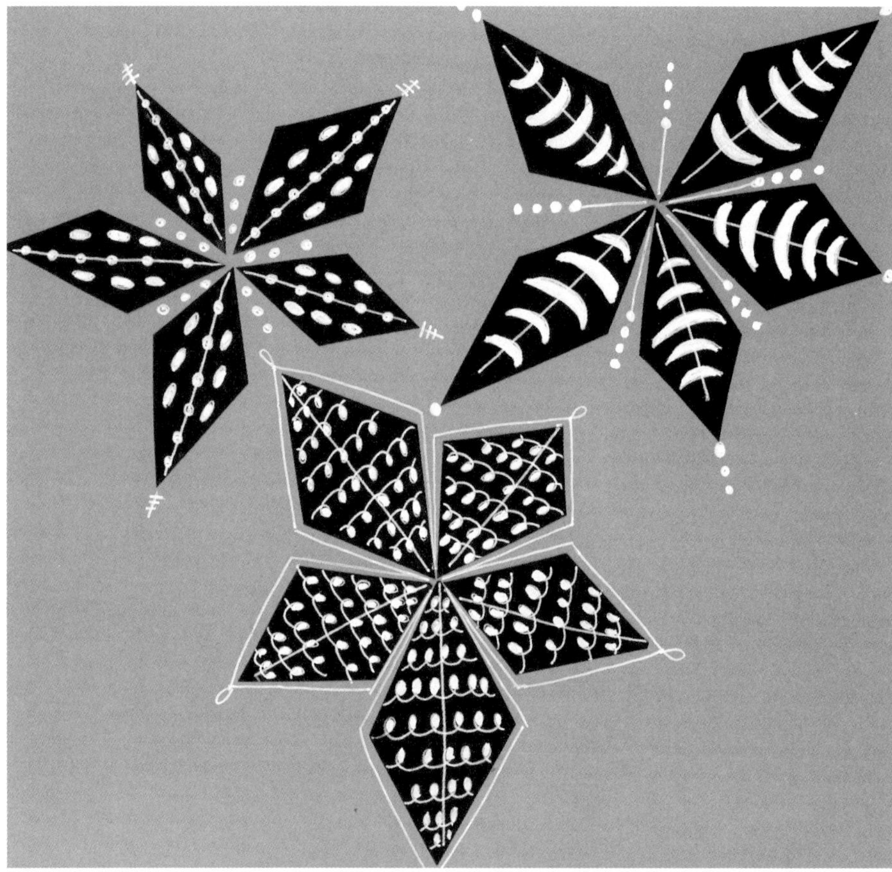

VARIACIÓN

¡Añada formas circulares para llevar el diseño a otro nivel!

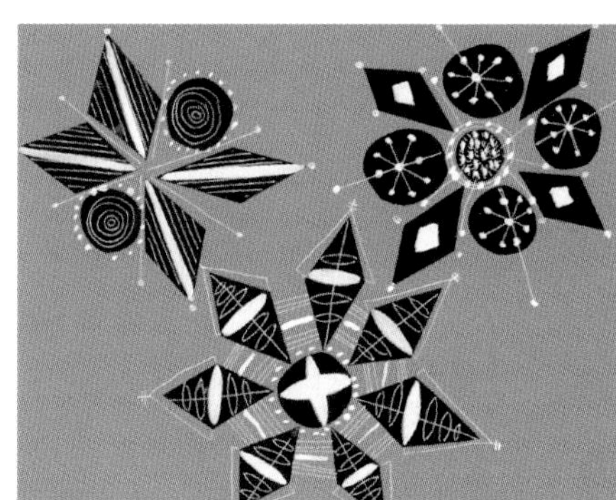

1. Cubra el espacio de trabajo con el papel de periódico o la lámina grande de papel cartón.

2. Con tijeras o un cúter, corte varias formas de rombo de cartulina negra, cinco por cada «estrella» que quiera confeccionar (*véase* la figura A).

3. Aplique la cola en la parte posterior de las formas de rombo y dispóngalas formando una estrella sobre la cartulina gris. Decore los rombos con el rotulador de gel blanco llenando el espacio con diseños divertidos. También puede optar por dibujar los diseños cuando los rombos estén aún sin pegar (*véanse* las figuras B y C).

4. Cuando acabe de hacer las estrellas, puede añadir diseños en la cartulina gris de fondo. Encuentre espacios negativos divertidos entre los rombos para llenarlos de líneas, puntos, garabateos, óvalos y otras formas. Haga más atractivo el diseño contorneando los rombos. También puede añadir un toque elegante alargando las puntas de los rombos como se muestra en la figura D.

5. Coloque un libro pesado encima y déjelo secar.

A

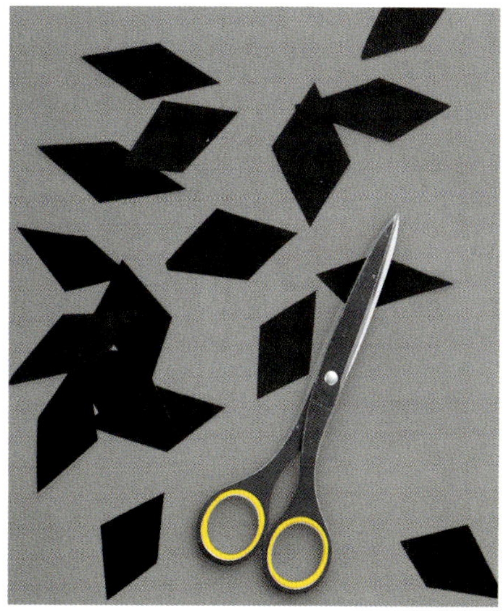

B

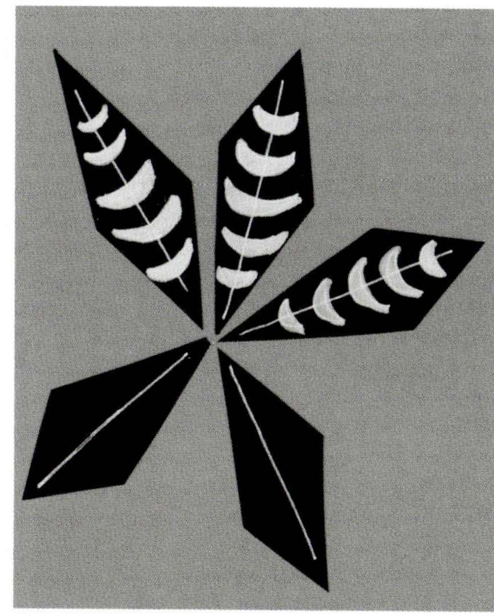

C

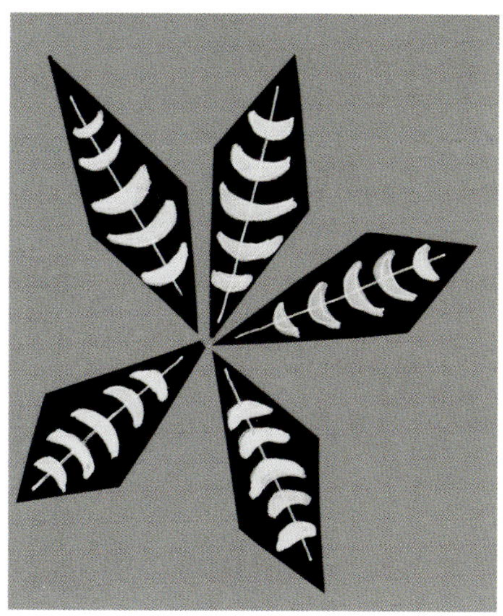

D

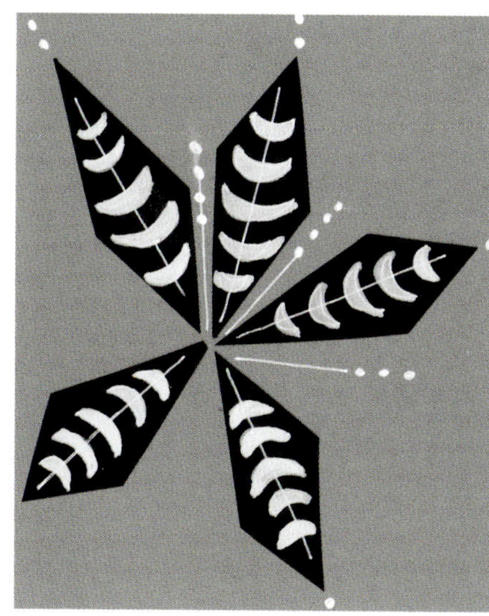

Ejercicio 27:

JARDÍN DE PAPEL PERFORADO

UTILIZAR OTROS UTENSILIOS PARA CREAR ARTE LIBERARÁ SU IMAGINACIÓN Y LA ABRIRÁ A MUCHAS POSIBILIDADES DIVERTIDAS. AQUÍ PODRÁ EXPLORAR CON FORMAS DE PAPEL CORTADO Y PERFORADO PARA CREAR UNA VARIEDAD DE HOJAS Y FLORES DE GRAN ORIGINALIDAD.

VARIACIÓN

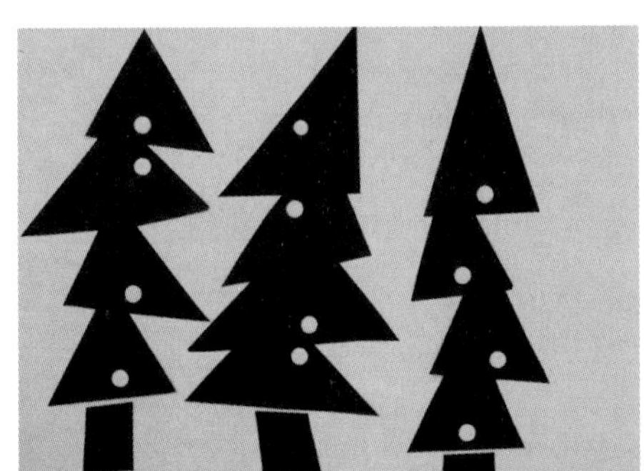

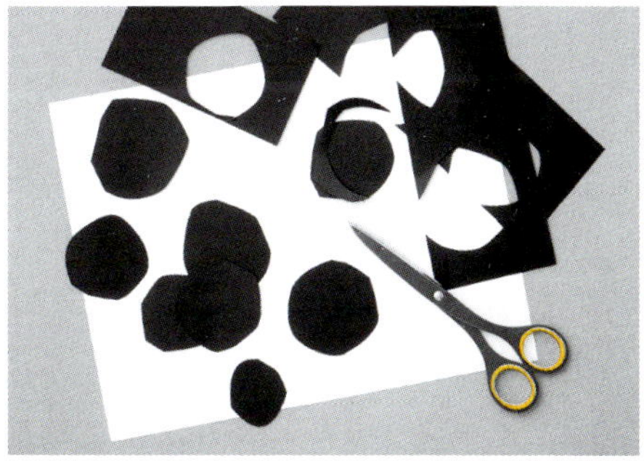

A

1. Cubra el espacio de trabajo con el papel de periódico o la lámina grande de papel cartón.

2. Con las tijeras o el cúter, corte siete círculos de cartulina negra de diversos tamaños (*véase* la figura A).

3. Corte entre ocho y doce formas de hoja de cartulina negra y gris.

4. Cree detalles decorativos perforando las formas cortadas. Perfore tanto los bordes como el centro (*véase* la figura B).

5. Coloque una lámina de cartulina blanca en la superficie de trabajo.

6. Disponga las formas para crear las flores sobre este fondo blanco.

7. Aplique la cola en la parte posterior de las formas y péguelas formando el diseño.

8. Trace los tallos con rotulador para completar las flores (*véase* la figura C).

9. Coloque encima un libro pesado y déjelo secar.

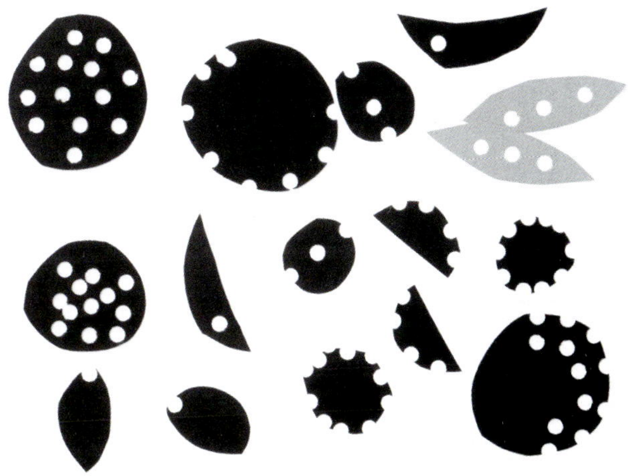

B

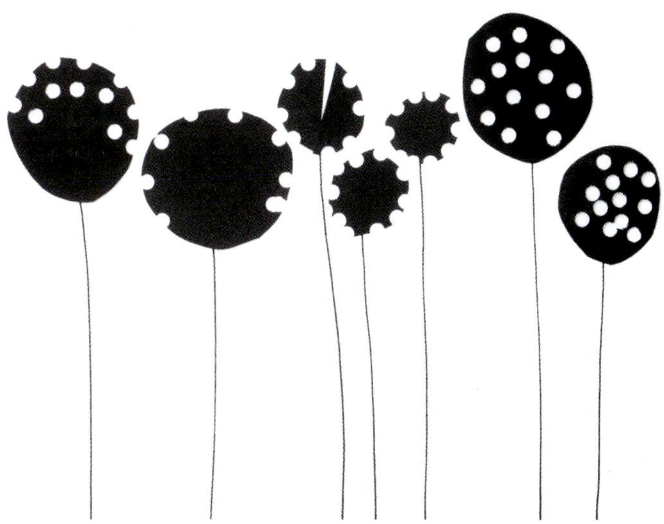

C

MATERIALES

- Papel de periódico o lámina grande de papel cartón
- Tijeras o cúter
- Cartón fino o grueso de color negro y gris
- Perforadora de papel
- Cartulina fina, gruesa o papel Bristol de color blanco
- Pincel barato para aplicar la cola o el gel adhesivo
- Cola o gel adhesivo

Ejercicio 28:

PUEBLO DE PAPEL PERFORADO

EN ESTE EJERCICIO DE EXPLORACIÓN ARQUITECTÓNICA SE UTILIZA PAPEL CORTADO Y PERFORADO PARA CREAR UN PUEBLO. LAS FORMAS RECORTADAS DE RECTÁNGULOS, TRIÁNGULOS Y CUADRADOS LE PERMITIRÁN CREAR DISTINTOS EDIFICIOS Y CON LA PERFORADORA REALIZARÁ UN TRATAMIENTO DECORATIVO.

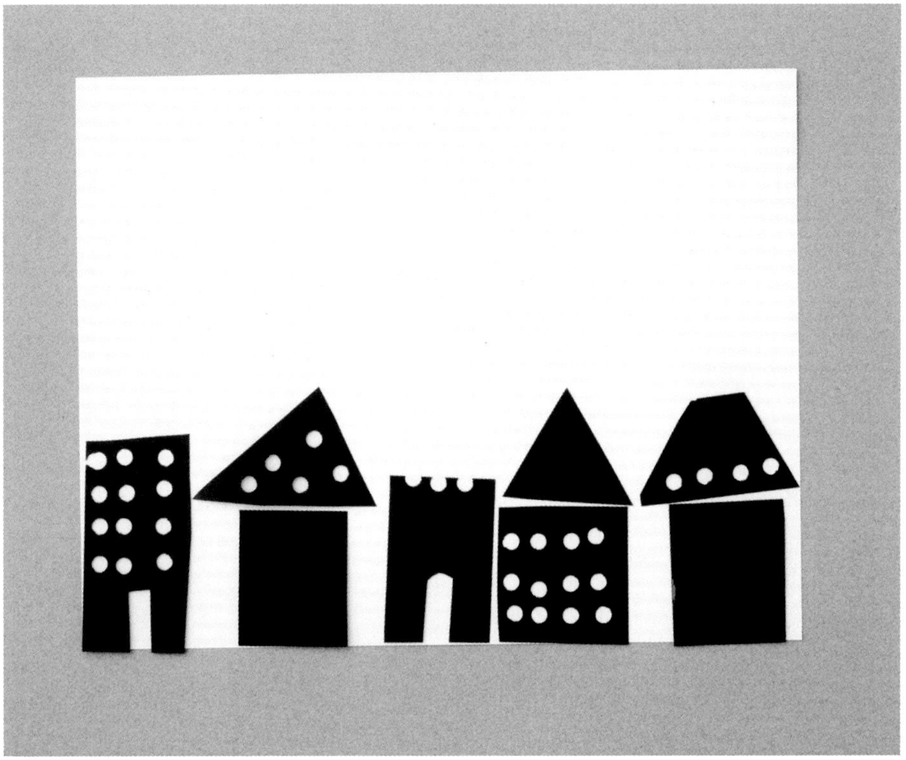

MATERIALES

- Papel de periódico o lámina grande de papel cartón
- Cartulina fina, gruesa o papel Bristol de color blanco
- Tijeras
- Cartulina fina o gruesa de color negro
- Perforadora
- Cúter
- Pincel barato para aplicar la cola o el gel adhesivo
- Cola o gel adhesivo

A

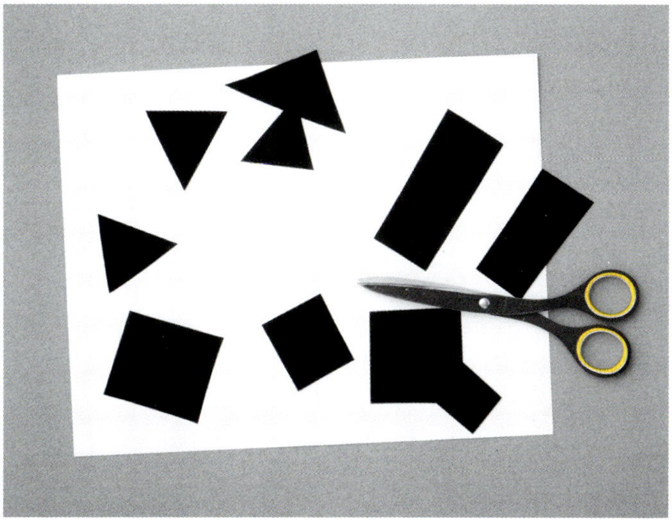

B

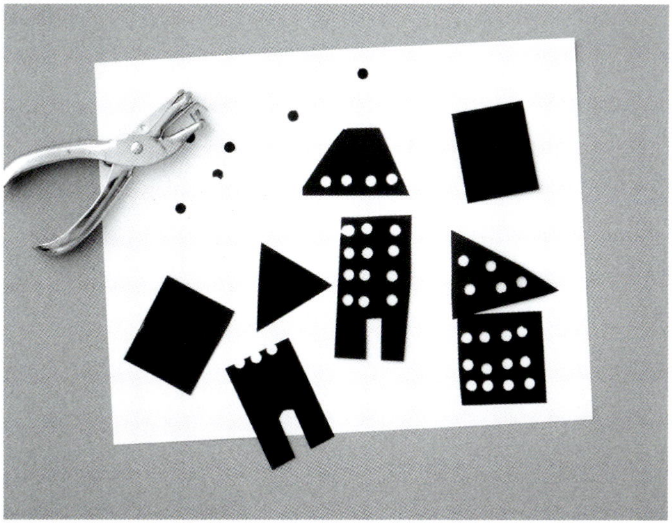

1. Cubra el espacio de trabajo con el papel de periódico o la lámina grande de papel cartón.

2. Disponga una hoja de cartulina blanca en la superficie de trabajo.

3. Con las tijeras, recorte cinco rectángulos de cartulina negra de tamaños de diferentes.

4. Recorte tres formas de tejado de cartulina negra (*véase* la figura A).

5. Cree detalles decorativos perforando las formas recortadas. Perfore en el borde y en el centro de las formas. Recorte puertas con un cúter (*véase* la figura B).

6. Disponga las formas sobre el fondo blanco para crear el pueblo.

7. Aplique la cola en la parte posterior de las formas y péguelas según el diseño.

8. Coloque encima un libro pesado y déjelo secar.

Ejercicio 29:

BOCETOS CON CÚTER

EN ESTE EJERCICIO CREARÁ UN ESCENA A BASE DE FORMAS DE PAPEL RECORTADAS CON CÚTER. EL CÚTER SE CONVERTIRÁ EN EL UTENSILIO DE DIBUJO. RECORTARÁ FORMAS PARA CREAR VENTANAS, TORRES, TEJADOS, CHIMENEAS Y HASTA CARRETERAS.

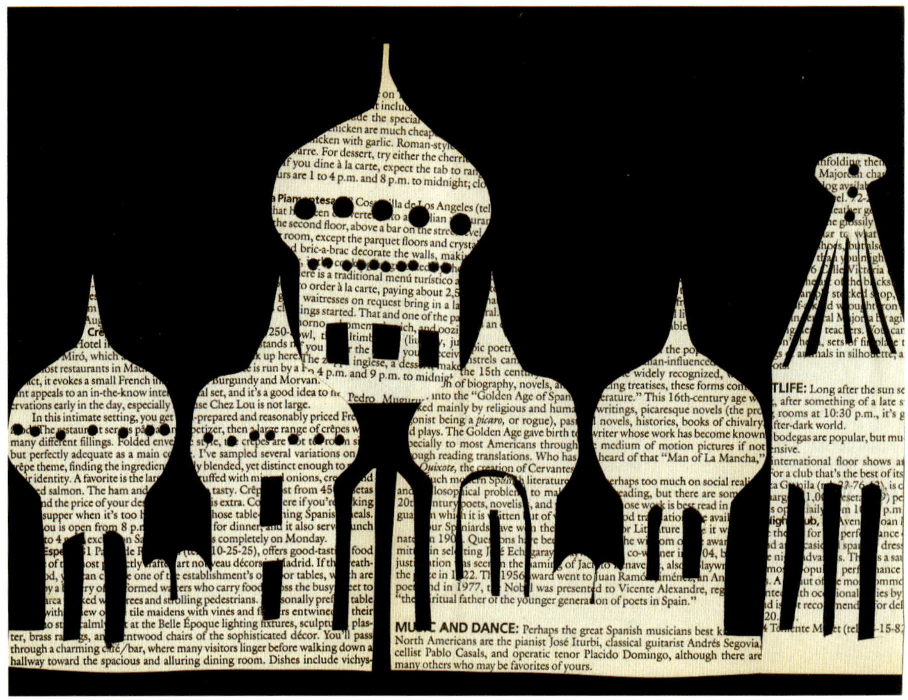

1. Cubra el espacio de trabajo con el papel de periódico o la lámina grande de papel cartón.

2. Seleccione una referencia arquitectónica en un libro, una revista de viajes o internet.

3. En el papel con texto o con algún estampado haga un bosquejo de los edificios que le sirva de línea de corte. Incluya la silueta, algún detalle de ventanas y unos pocos elementos arquitectónicos.

4. Disponga el papel sobre una plancha de corte y recorte la silueta con un cúter y una regla de borde recto.

5. Con el cúter y la perforadora recorte los detalles que haya elegido destacar, como las ventanas y otros elementos arquitectónicos.

6. Coloque una hoja de cartulina blanca o negra sobre la superficie de trabajo y disponga los recortes sobre ella.

7. Aplique cola en la parte posterior de las siluetas recortadas y péguelas formando el diseño.

8. Coloque encima un libro pesado y déjelo secar.

MATERIALES

- Papel de periódico o lámina grande de papel cartón
- Unas páginas de un libro viejo con texto o papel para recortar con algún estampado
- Lápiz
- Plancha de corte
- Cúter
- Regla de borde recto
- Perforadora
- Cartulina fina o gruesa de color negro o blanco
- Pincel plano barato para aplicar la cola o el gel adhesivo
- Cola o gel adhesivo

VARIACIÓN

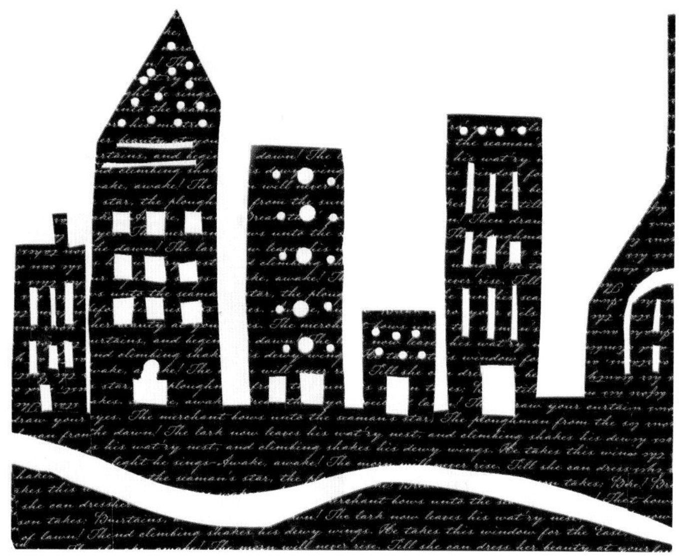

Ejercicio 30:

ESTARCIDOS

EN ESTE EJERCICIO CREARÁ LA PLANTILLA DEL ESTARCIDO RECORTÁNDOLA DE PAPEL CARTÓN GRUESO Y LUEGO IMPRIMIRÁ EL DISEÑO CON UNA TÉCNICA DE PUNTEADO.

TIENE DOS OPCIONES PARA CREAR EL ESTARCIDO: CON ACETATO O CON CARTULINA. EL ACETATO SE PUEDE REUTILIZAR, MIENTRAS QUE EL PAPEL ES MENOS DURADERO. LA OPCIÓN DE LA CARTULINA ES MÁS ECONÓMICA Y LE PERMITIRÁ EJERCITARSE CON EL ESTARCIDO ANTES DE INVERTIR EN MATERIALES MÁS CAROS.

MÁS EJEMPLOS DE ESTARCIDOS: UN DISEÑO GEOMÉTRICO SENCILLO Y UNO VEGETAL

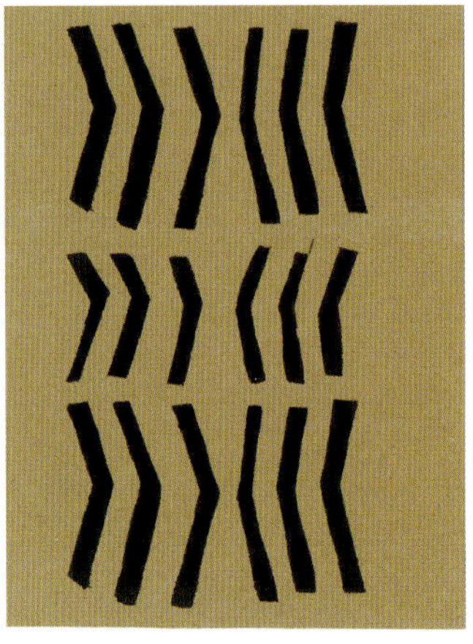

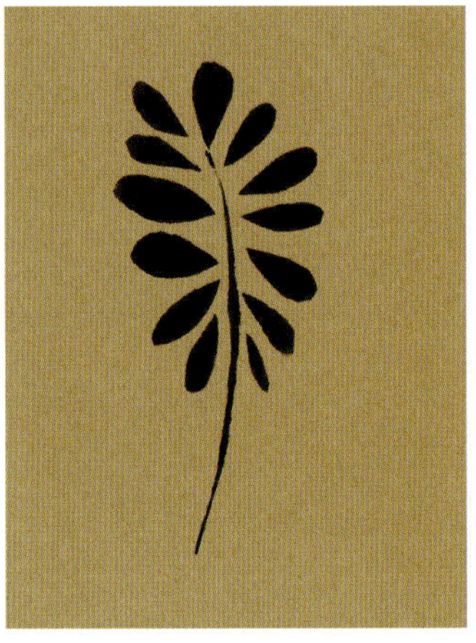

MATERIALES

- Papel de periódico o lámina grande de papel cartón
- Acetato, cartulina gruesa de acabado liso o papel Bristol para las plantillas
- Rotulador permanente
- Lápiz
- Plancha de corte
- Regla de borde recto
- Cúter
- Cinta de carrocero
- Cartulina blanca, negra o gris
- Espray adhesivo reposicionable
- Cuchara de plástico
- Tinta negra y blanca para la estampación con sellos
- Paleta
- Espátula
- Pincel para estarcido o brocha de esponja
- Papel de borrador

1. Cubra el espacio de trabajo con el papel de periódico o la lámina grande de papel cartón.

2. Dibuje un diseño sencillo de flor en el acetato con un rotulador permanente o en la cartulina a lápiz (*véase* la figura A).

3. Coloque una plancha de corte en la superficie de trabajo y utilice una regla de borde recto y un cúter para recortar el estarcido. Recuerde que las zonas que recorte serán las que se estampen (*véase* la figura B).

4. Pegue la cartulina a la superficie de trabajo y luego sujete la plantilla encima de forma que no se mueva. Utilice cinta de carrocero o aplique espray adhesivo reposicionable en la parte posterior de la plantilla. Cuide de que los bordes estén bien alineados con la cartulina (*véase* la figura C).

5. Ponga una cucharada de tinta en la paleta y caliéntela un poco removiéndola con la espátula.

6. Moje el pincel de estarcido o brocha de esponja en la tinta. Dé unos golpecitos con el pincel en el papel de borrador para retirar el exceso de tinta.

7. Sostenga el pincel en posición perpendicular al papel mientras lo presiona varias veces para cubrir de tinta las zonas recortadas del estarcido. Esta técnica se llama punteado. Aplique una capa fina y uniforme. No deslice la brocha pues hará que la tinta se corra por debajo de la plantilla. Deje secar (*véase* la figura D).

8. Repita hasta que se distribuya bien la tinta.

9. Asegúrese de que la tinta esté seca antes de retirar la plantilla para revelar el diseño (*véase* la figura E).

10. Si realiza una pieza con varias capas para añadir colores adicionales, deje que la primera capa se seque por completo antes de crear otra.

A

B

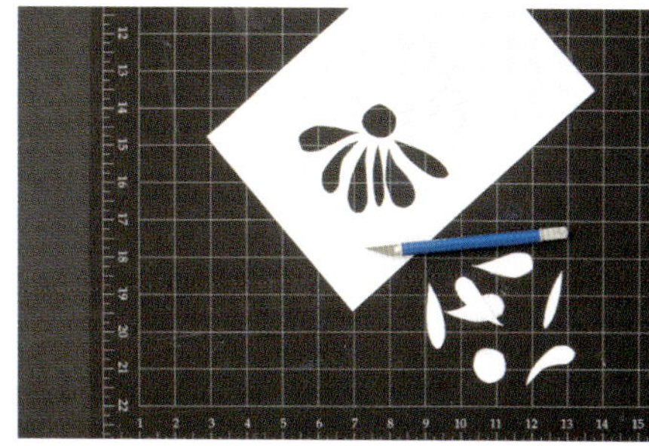

C

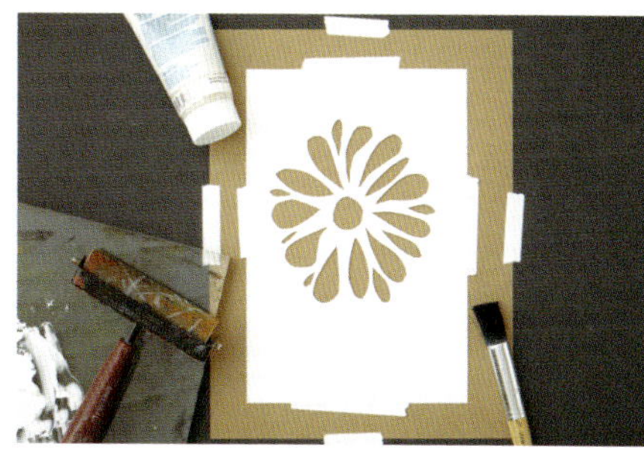

D

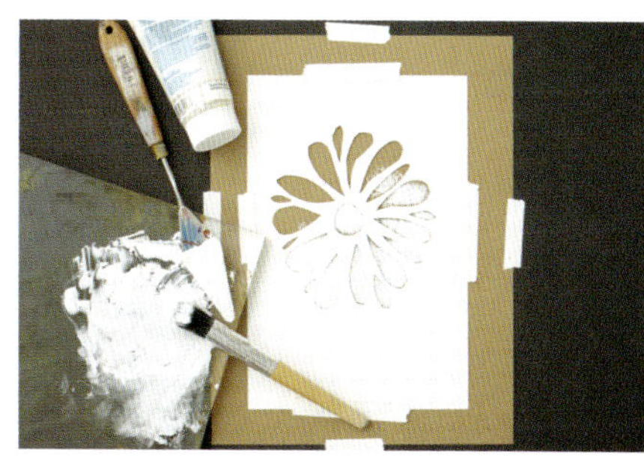

E

Ejercicio 31:

ESTAMPACIÓN CON OBJETOS ENCONTRADOS

EN ESTE EJERCICIO REALIZARÁ ESTAMPACIONES UTILIZANDO UNA HOJA O TAMBIÉN PUEDE IMPRIMIR CON EL OBJETO QUE PREFIERA. BUSQUE EL ELEMENTO EN LA NATURALEZA O EN CASA, POR EJEMPLO, EN EL TÍPICO CAJÓN DONDE ACABA METIENDO DE TODO. PRUEBE A USAR PLÁSTICO DE BURBUJAS, UNA ESPONJA NUEVA Y LIMPIA O PAPEL DE COCINA TEXTURADO. RECUERDE HACER PRIMERO UNA PRUEBA DE IMPRESIÓN EN PAPEL DE BORRADOR ANTES DE LA ESTAMPACIÓN FINAL.

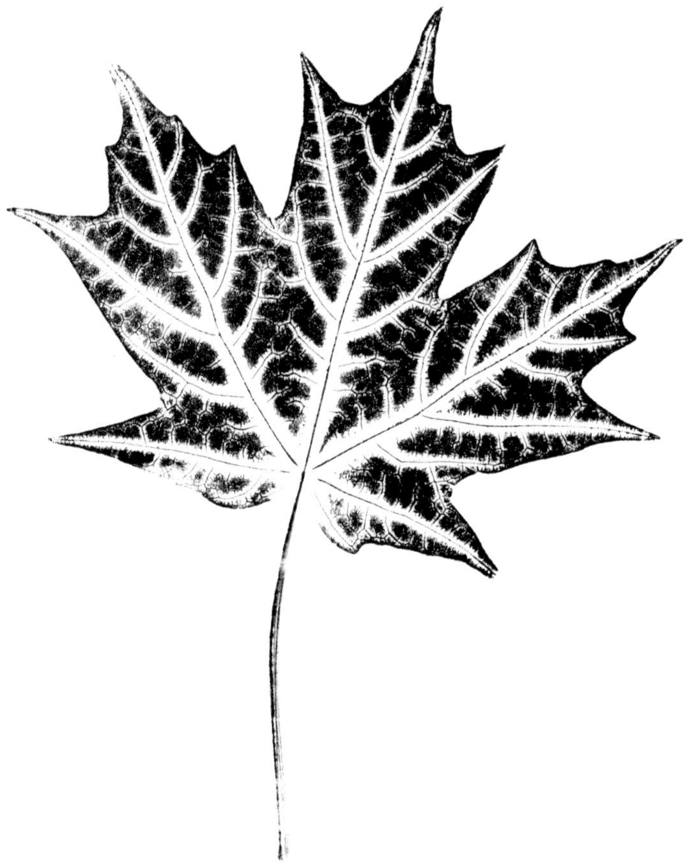

MATERIALES

- Papel de periódico o lámina grande de papel cartón
- Pintura o almohadilla de tinta (el color dependerá del color del papel)
- Paleta
- Brocha de esponja redonda con la base plana
- Hoja (no sirve seca pues debe ser flexible)
- Cartulina fina o gruesa de color blanco, marrón claro, negro o gris
- Papel de borrador
- Rodillo

1. Cubra el espacio de trabajo con el papel de periódico o la lámina grande de papel cartón.

2. Ponga pintura en la paleta y unte el pincel de esponja con toques suaves. También puede utilizar una almohadilla de tinta.

3. Disponga la hoja sobre el papel de periódico con el lado del envés hacia arriba, pues las venas servirán mejor en esta posición para la estampación.

4. Aplique la pintura a la hoja con toques suaves. Cúbrala bien aplicando varias capas finas de pintura de una sola vez. Si utiliza una almohadilla, presiónela por toda la hoja para cubrirla de tinta por completo.

5. Coloque la hoja entintada sobre la cartulina con el lado del envés hacia abajo. Cubra la hoja con el papel de borrador o papel de periódico.

6. Pase el rodillo suavemente sobre el papel de borrador o de periódico. Debe presionarse toda la superficie de la hoja. No insista demasiado para que no se le emborrone.

7. Retire el papel de borrador y levante la hoja con cuidado para revelar la estampación.

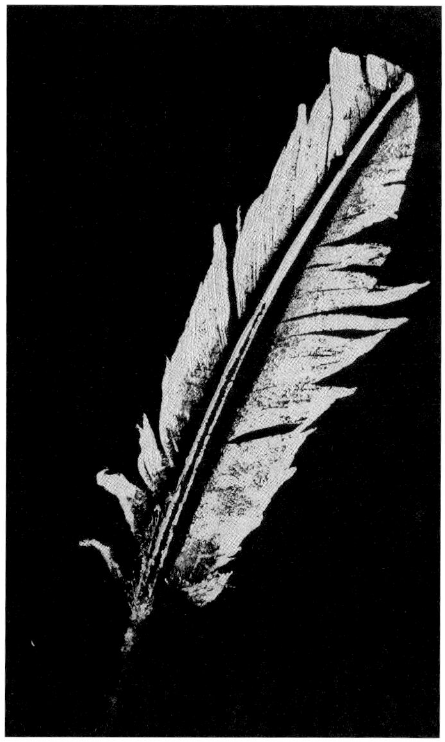

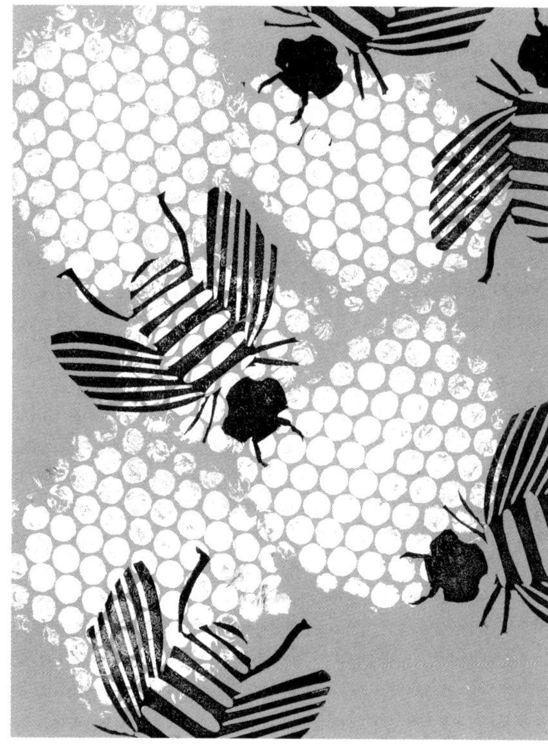

Para el fondo de esta pieza se ha realizado una estampación con plástico de burbujas.

Ejercicio 32:

TUTORIAL DE TALLADO DE SELLOS

EN ESTE EJERCICIO SE TALLARÁN MOTIVOS VEGETALES SENCILLOS EN SELLOS DE CAUCHO. APRENDERÁ CÓMO TALLAR UN SELLO Y COMPRENDERÁ VERDADERAMENTE EL ESPACIO POSITIVO Y NEGATIVO. LOS SELLOS PUEDEN EMPLEARSE REPETIDAMENTE PARA CREAR DISTINTAS PIEZAS.

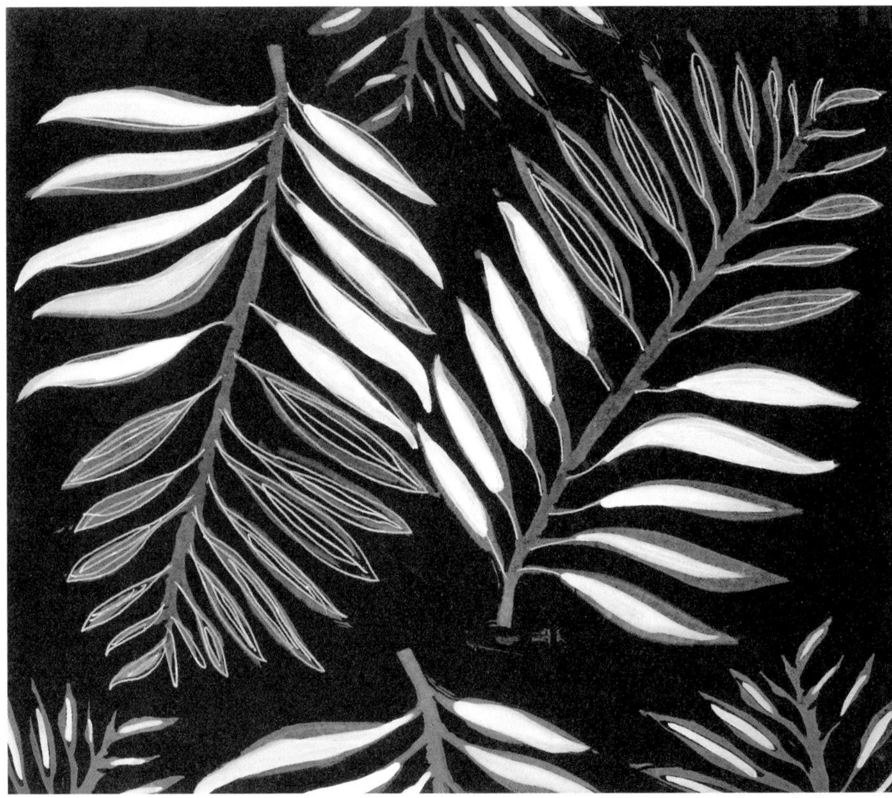

MATERIALES

- Papel de periódico o lámina grande de papel cartón
- Lápiz de mina blanda
- Papel de calco o de impresora
- Papel carbón (opcional)
- Hueso plegador o cuchara de madera (opcional)
- Sello de caucho o de linóleo (los sellos de linóleo permiten mayor detalle)
- Rotulador permanente
- Plancha de corte
- Utensilio para cortar linóleo con gubias del n.° 1 al 5
- Cúter (opcional)
- Plexiglás (opcional)
- Brocha
- Cartulina fina o gruesa de color blanco, negro, gris o marrón claro
- Cinta de carrocero
- Papel de borrador
- Cuchara de plástico
- Tinta para estampación con sellos
- Paleta
- Espátula
- Rodillo
- Almohadilla de tinta (opcional; resulta más limpia)

A

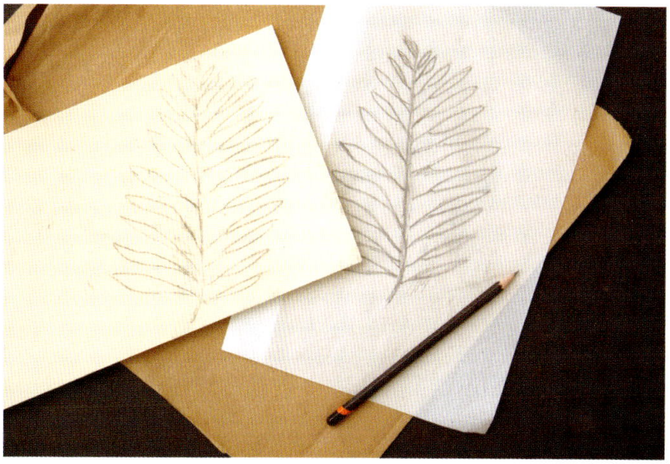

1. Cubra el espacio de trabajo con el papel de periódico o la lámina grande de papel cartón.

2. Organice dos zonas de trabajo: una con la plancha de corte para tallar el sello y otra para entintar y estampar.

3. Encuentre una referencia en el entorno natural o en un libro, por ejemplo, una hoja.

4. Con un lápiz de mina blanda, dibuje el diseño de la hoja en papel de calco o de impresora (*véase* la figura A).

5. Transfiera el diseño al sello. Puede hacerlo de tres maneras diferentes:

OPCIÓN 1: coloque el papel carbón entre el dibujo del papel de calco y el sello. Pase el lápiz por los trazos del diseño para transferirlo al sello.

OPCIÓN 2: coloque el papel de calco con el dibujo hacia abajo sobre el sello de caucho. Con un hueso plegador o una cuchara de madera frote la parte posterior del papel para transferir el dibujo al sello.

OPCIÓN 3: si ha utilizado papel de impresora, dele la vuelta al dibujo y, con un lápiz de mina blanda, cubra el lado del revés del boceto con sombreado. Para ello, ponga el dibujo con el lado del revés hacia arriba contra una ventana y utilícela como caja de luz. Pase un pañuelo de papel levemente sobre el grafito para homogeneizarlo un poco. Luego coloque el papel con el lado del dibujo hacia arriba sobre el sello y marque con un lápiz para transferir el diseño al sello.

B

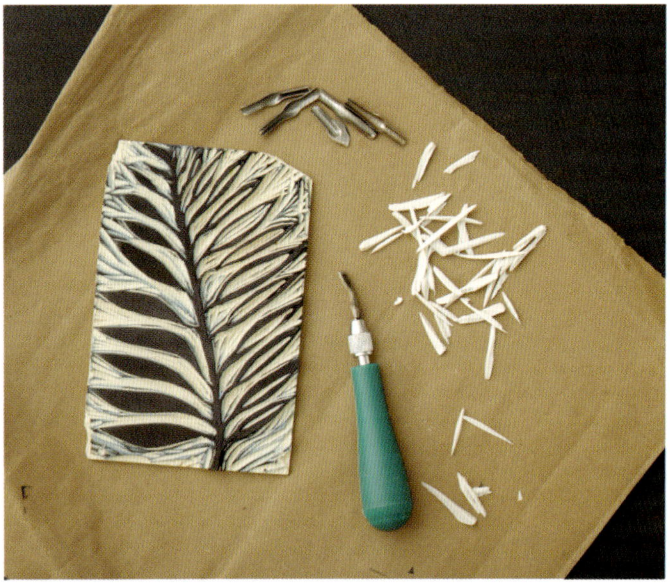

C

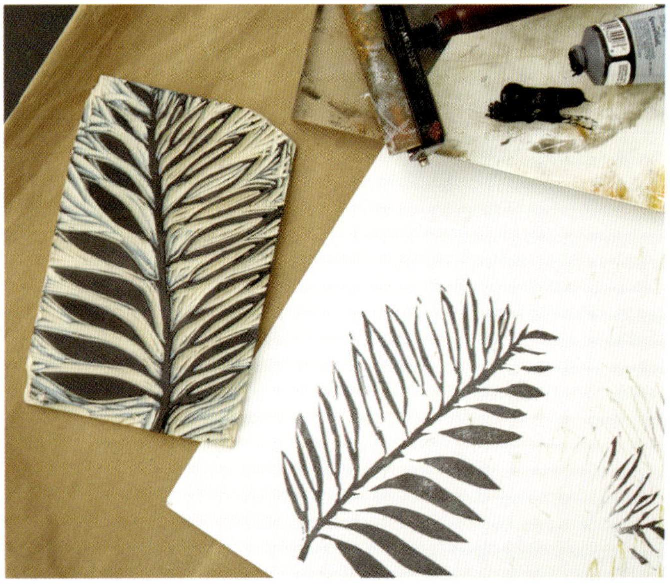

6. Pase el diseño transferido a rotulador permanente, porque el lápiz se le puede borrar al manipular el sello.

7. Coloque el sello en la plancha de corte y talle el diseño con los utensilios de corte. Por seguridad, dirija el corte siempre hacia fuera y mantenga los dedos detrás del instrumento de corte, no delante.

8. Recuerde que lo que recorte será el espacio negativo y que la parte que quede en relieve en el sello será la que se imprima, por lo que la imagen aparecerá al revés al estamparla. Por tanto, si talla palabras, deberá trabajar a la inversa. ¡Esta parte la aprendí a base de equivocarme!

9. Utilice la gubia con forma de V para los detalles y la gubia con forma de U para tallar zonas más grandes (*véase* la figura B).

10. Mantenga en lo posible la forma rectangular o cuadrada del sello porque le será más fácil manejarlo a la hora de estampar. Asegúrese de retirar el exceso de caucho de alrededor del diseño para que solo la forma en relieve toque el papel al realizar la estampación.

11. Un procedimiento alternativo consistiría en recortar por completo alrededor del diseño con un cúter y luego adherir la forma resultante a una pieza de plexiglás para manejarla mejor. Los sellos comerciales disponen de una parte posterior de madera o plexiglás para este propósito.

12. Retire con una brocha seca y limpia los restos del tallado o lave la pieza con agua templada levemente jabonosa; luego séquela a golpecitos con una toalla sin pelusa y déjela acabar de secarse al aire. Si elige esta última opción, el sello debe estar completamente seco antes de ponerse a estampar.

13. Pegue con cinta de carrocero el papel a la superficie de trabajo. Para hacer una prueba de la estampación, utilice papel de borrador.

14. Ponga en una paleta una o dos cucharadas de tinta para la estampación con sellos. Caliente un poco la tinta removiéndola con una espátula.

15. Unte el rodillo completa y uniformemente con tinta. Hágalo rodar arriba y abajo, y de lado a lado varias veces. Cuando la tinta produzca un sonido viscoso, estará lista para aplicarla al sello.

Las partes de donde retira material al tallar se convierten en el espacio negativo.

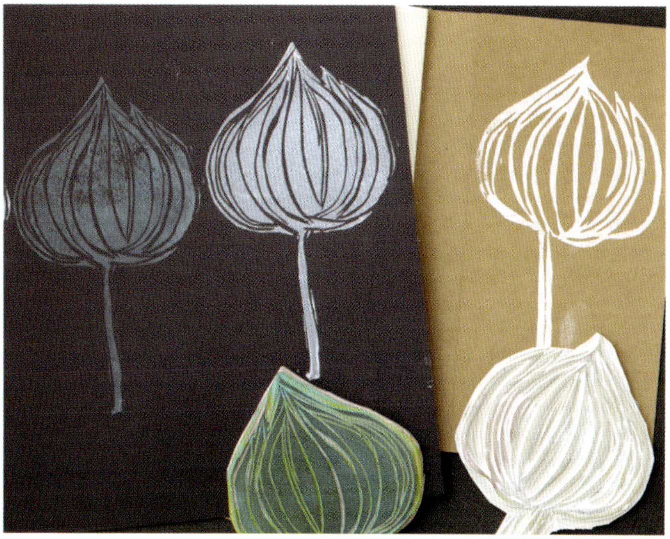

D

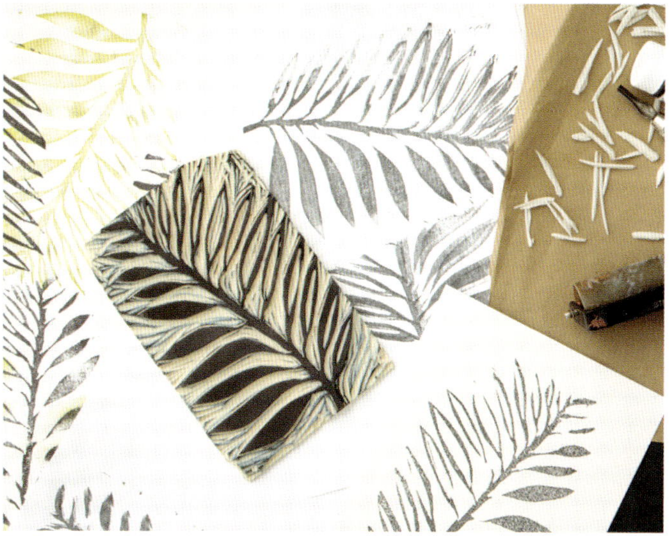

16. Coloque el sello tallado sobre el papel de periódico con el diseño hacia arriba y pase el rodillo por encima para aplicar varias capas finas de pintura. Debe cubrir el sello de manera uniforme.

17. Pruebe la estampación en el papel de borrador para ver si faltan detalles de zonas que no estén talladas o que no se hayan tallado con la suficiente profundidad. Si es necesario, realice ajustes en el sello y vuelva a probar (*véase* la figura C).

18. Coloque el diseño sobre el papel donde quiere realizar la estampación final. Si el sello es pequeño puede aplicar presión con la palma de la mano. En el caso de sellos de mayor tamaño, utilice una pieza de plexiglás para aplicar presión de manera uniforme. También puede emplear un libro si es necesario.

19. Vuelva a aplicar tinta al sello para continuar estampando el diseño y llenar la hoja (*véase* la figura D).

20. Si ha decidido utilizar una almohadilla de tinta, presiónela por toda la superficie del sello hasta cubrirlo de tinta por entero. En el caso de sellos pequeños, puede coger el sello y, con el diseño boca abajo, presionarlo en la almohadilla. Cuando esté entintado el sello, realice la estampación y vuelva a entintarlo para realizar una estampación nueva.

21. Experimente con la presión que aplica al sello. Si la va variando, el diseño tendrá un aspecto rústico y gastado. Si es uniforme, tendrá un aspecto más gráfico y limpio.

22. Para limpiar, lave el sello con agua templada y ligeramente jabonosa. Séquelo a golpecitos con una toalla sin pelusa y déjelo acabar de secarse al aire.

NOTA: con el papel Bristol logrará una estampación clara y limpia. Con papel de acuarela, un aspecto más rústico, inacabado y texturado, pues este tipo de papel tiene zonas hendidas donde no llega la pintura. Será usted quien decida cómo quiere el acabado final.

Ejercicio 33:

PATRONES DE ESTAMPACIÓN CON SELLOS

EN ESTE EJERCICIO REALIZARÁ UN PATRÓN SENCILLO ESTAMPANDO CON UN SELLO TALLADO. ESTA TÉCNICA ES PERFECTA PARA CONFECCIONAR TARJETAS DE FELICITACIÓN O DISEÑOS BONITOS PARA ELEMENTOS COMO PAÑOS DE COCINA (CUANDO TRABAJE CON TELAS, ASEGÚRESE DE UTILIZAR TINTAS TEXTILES).

A

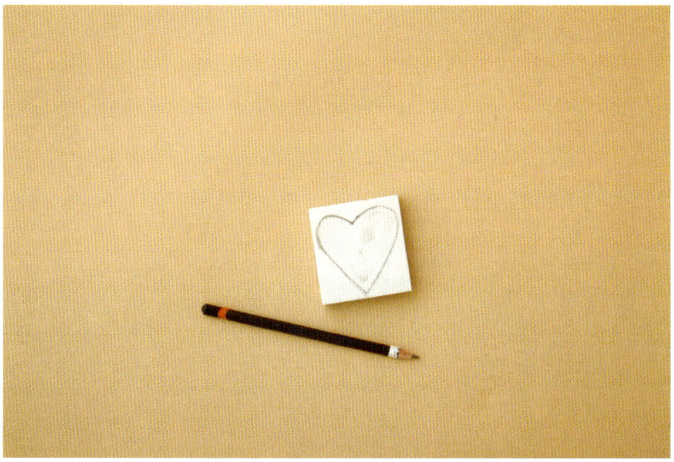

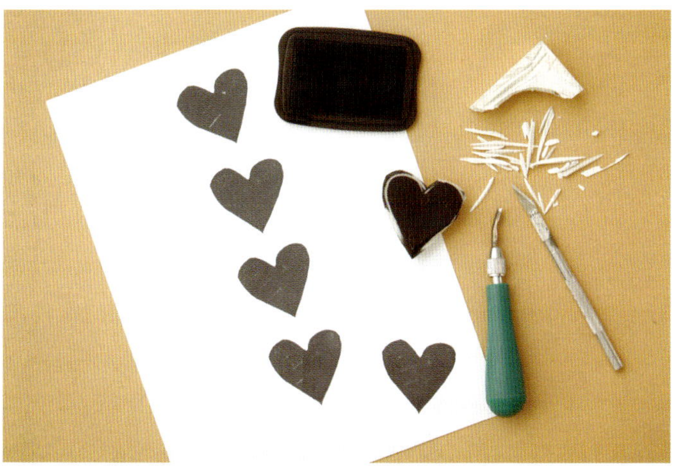

MATERIALES

- Papel de periódico o lámina grande de papel cartón
- Lápiz
- Rotulador permanente
- Sello de caucho para tallar
- Plancha de corte
- Utensilios para cortar linóleo con distintas gubias
- Brocha
- Cinta de carrocero
- Cartulina fina o gruesa de acabado liso, papel Bristol o papel de acuarela de color blanco, gris o marrón claro (*véase* la nota)
- Papel de borrador
- Almohadilla de tinta

1. Cubra el espacio de trabajo con el papel de periódico o la lámina grande de papel cartón.

2. Prepare dos zonas de trabajo: una con la plancha de corte para tallar el sello y otra para entintar y estampar.

3. Con lápiz o un rotulador permanente, dibuje una sencilla forma de corazón directamente en el sello de caucho (*véase* la figura A).

4. Coloque el sello sobre la plancha de corte y recorte el diseño con los utensilios correspondientes. Por seguridad, dirija el corte siempre hacia fuera y mantenga los dedos detrás del instrumento de corte.

5. Recuerde que lo que recorte será el espacio negativo y que la parte que quede en relieve en el sello será la que se imprima, por lo que la imagen aparecerá al revés al estamparla.

6. Utilice la gubia con forma de V para los detalles y la gubia con forma de U para tallar zonas más grandes. Cuando retire piezas grandes de material al tallar, guárdelas para tallar allí otros diseños. Asegúrese de retirar el exceso de caucho de alrededor del diseño para que solo la forma en relieve toque el papel al estampar.

7. Retire con una brocha seca y limpia los restos del tallado o lave la pieza con agua templada levemente jabonosa; luego séquela a golpecitos con una toalla sin pelusa y déjela acabar de secarse al aire. Si elige esta última opción, el sello debe estar completamente seco antes de ponerse a estampar.

8. Pegue con cinta de carrocero el papel en el espacio de trabajo. Tenga a mano papel de borrador para realizar pruebas de impresión.

9. Presione la almohadilla de tinta para entintar toda la superficie del bloque tallado. Para diseños pequeños como el del ejemplo, puede coger el sello con el dibujo hacia abajo y presionarlo sobre la almohadilla de tinta.

10. Realice pruebas de estampación en el papel de borrador para ver si faltan detalles de zonas que no estén talladas o que no se hayan tallado con la suficiente profundidad. Si es necesario, realice ajustes en el sello y vuelva a probar.

11. Ponga el sello sobre el papel y aplique una presión uniforme con la palma de la mano. Experimente con la presión que aplica al sello. Si la va variando, el diseño tendrá un aspecto rústico y gastado. Si es uniforme, tendrá un aspecto más gráfico y limpio.

12. Para realizar repeticiones de manera simple, disponga el motivo de corazón en una cuadrícula básica de izquierda a derecha y forme líneas, como se muestra en la página 94. Entinte después de cada estampación.

13. Para limpiar, lave el sello con agua templada y ligeramente jabonosa. Séquelo a golpecitos con una toalla sin pelusa y déjelo acabar de secarse al aire.

VARIACIONES

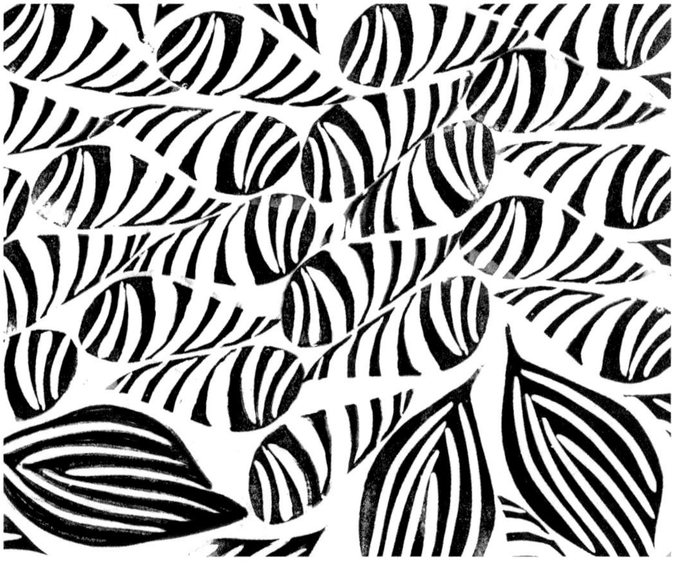

En este diseño se han utilizado dos sellos diferentes.

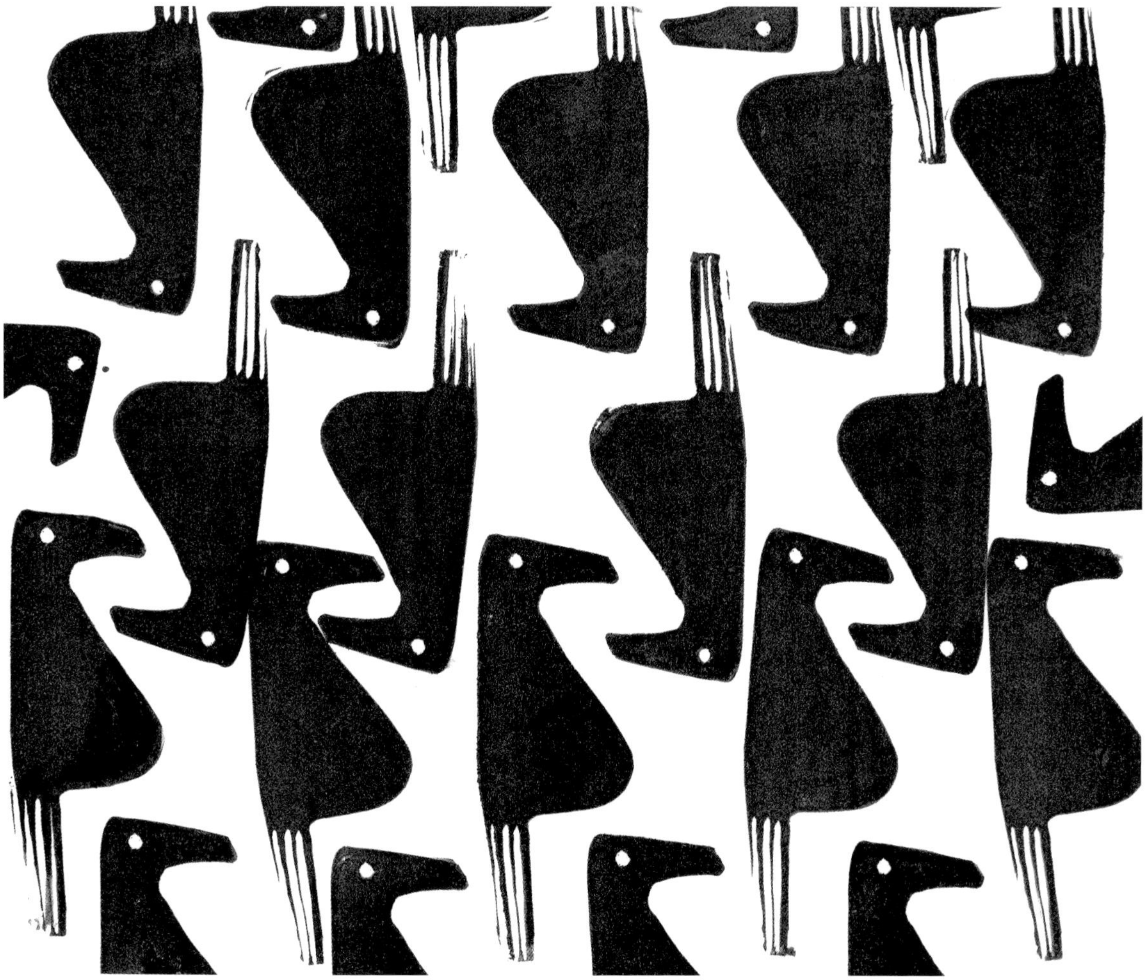

NOTA: los sellos de caucho se encuentran en varias anchuras y tamaños. Yo prefiero los más gruesos, pues las variedades más grandes y finas tienden a partirse con el uso. Además, los sellos más gruesos son más fáciles de manejar durante la estampación.

Este diseño se ha estampado en dos direcciones para aportar más interés al patrón de repetición.

Ejercicio 34:

ESTAMPACIÓN CON SELLOS DE ESCENAS Y PAISAJES URBANOS

EN ESTE EJERCICIO CREARÁ UN PAISAJE URBANO ESTAMPANDO SELLOS DE CAUCHO TALLADOS MUY SENCILLAMENTE CON FORMAS DE RECTÁNGULOS, CUADRADOS Y TRIÁNGULOS. REALIZANDO LAS TALLAS MÁS SIMPLES PODRÁ ESTAMPAR FABULOSOS TEJADOS, PUERTAS Y VENTANAS. LAS TINTAS BLANCA Y NEGRA COBRAN VIDA SOBRE UN FONDO RÚSTICO DE CARTULINA.

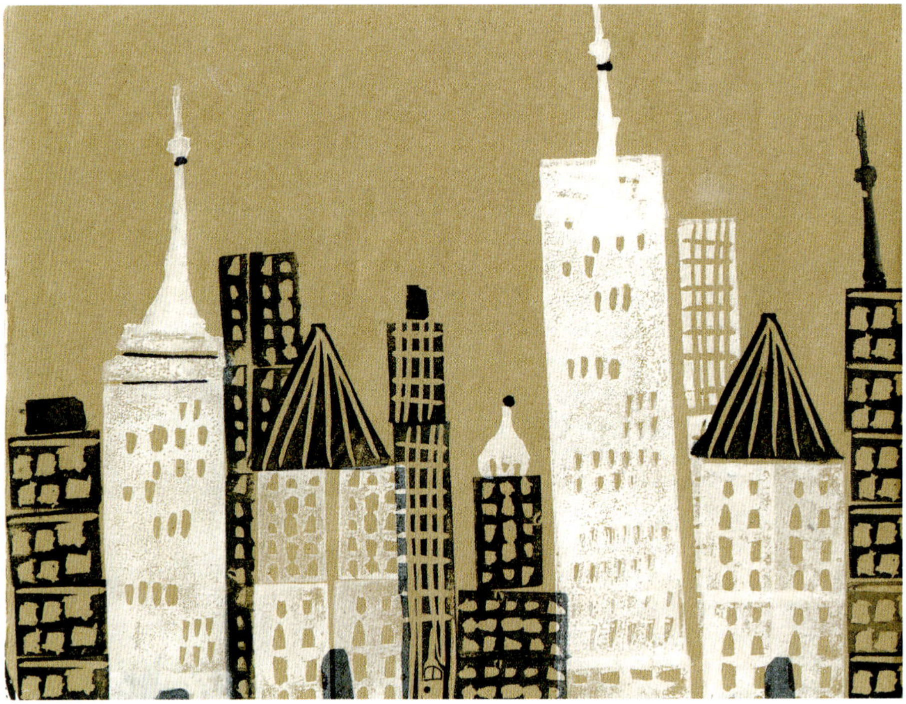

A

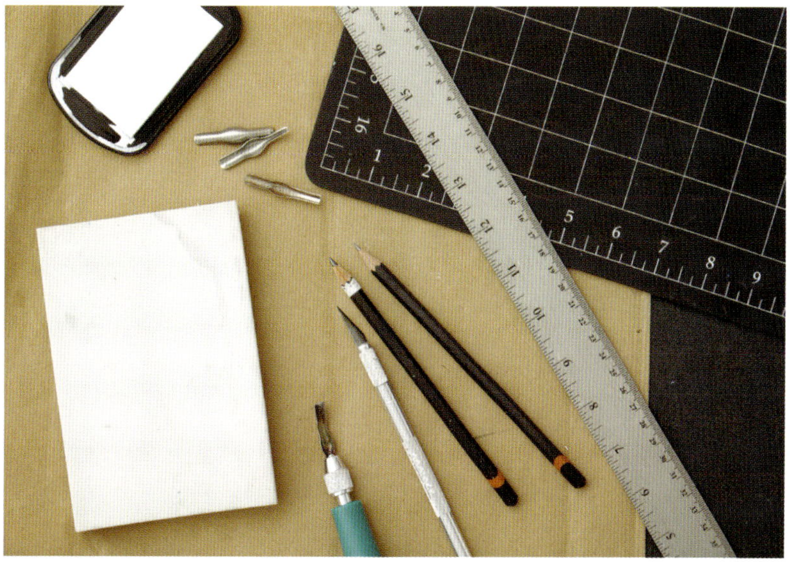

B

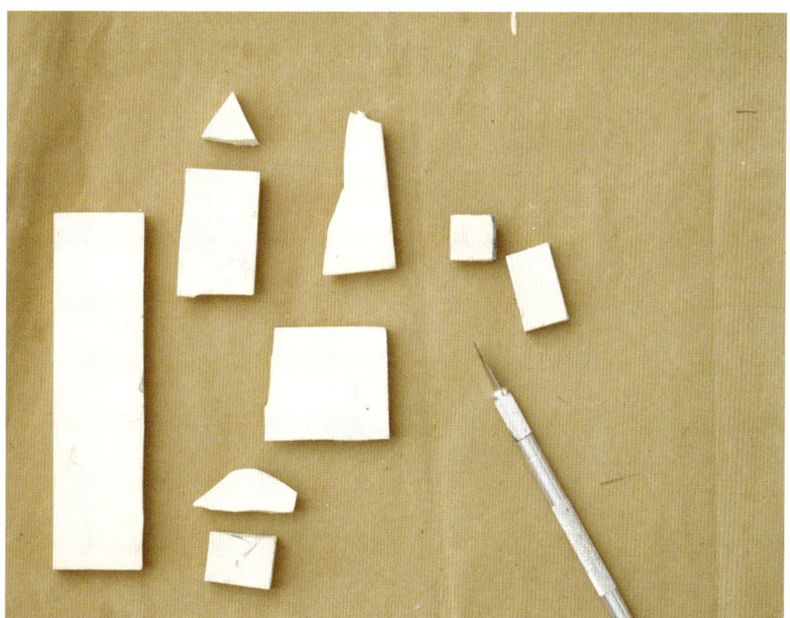

MATERIALES

- Papel de periódico o lámina grande de papel cartón
- Rotulador permanente
- Sello de caucho tallado
- Plancha de corte
- Cúter
- Regla de borde recto
- Utensilio de corte de linóleo con distintas cabezas
- Bolígrafo
- Brocha
- Cinta de carrocero
- Cartulina fina o gruesa de color blanco, negro, gris o marrón
- Papel de borrador
- Almohadilla de tinta

1. Cubra el espacio de trabajo con el papel de periódico o la lámina grande de papel cartón.

2. Prepare dos zonas de trabajo: una con la plancha de corte para tallar el sello y otra para entintar y estampar (*véase* la figura A).

3. Con un rotulador permanente, trace unos pocos triángulos, cuadrados y rectángulos directamente sobre el sello de caucho.

4. Coloque el sello sobre la tabla y recorte las formas con un cúter y una regla de borde recto o a pulso si lo prefiere. Por seguridad, dirija el corte siempre hacia fuera y mantenga los dedos detrás del instrumento de corte, no delante (*véase* la figura B).

C

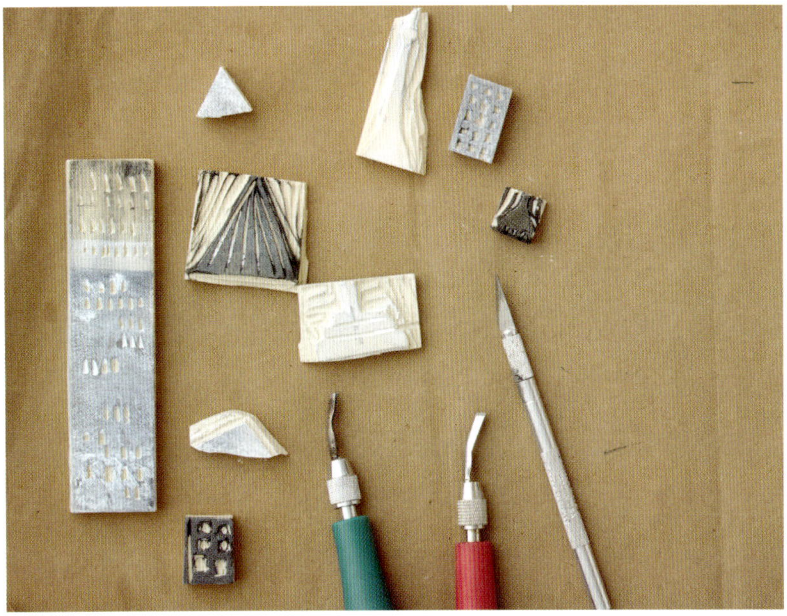

D

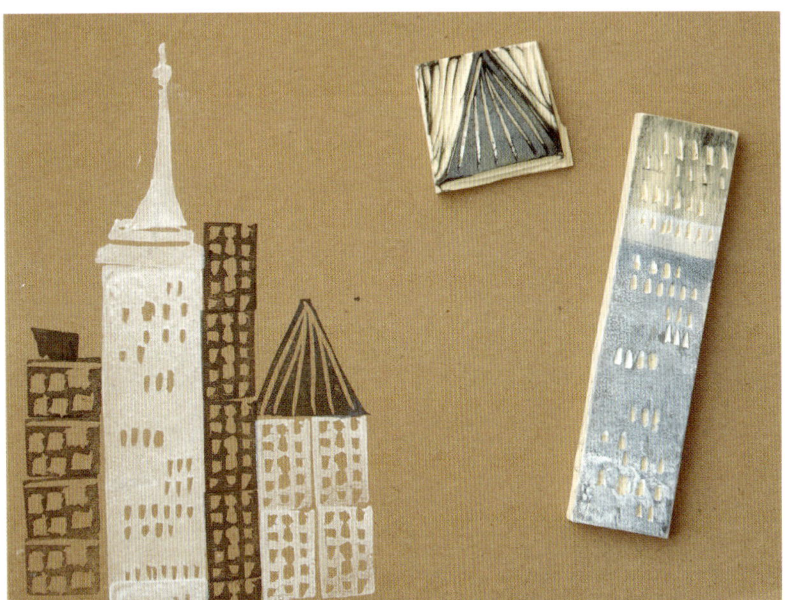

5. Para los detalles, recorte ventanas realizando incisiones pequeñas en el sello con los utensilios de corte. También puede utilizar un bolígrafo para hacer incisiones en el sello. Recuerde que lo que recorte será el espacio negativo y que la parte que quede en relieve en el sello será la que se imprima, por lo que la imagen aparecerá al revés al estamparla.

6. Utilice la gubia con forma de V para los detalles y la gubia con forma de U para tallar zonas más grandes. Asegúrese de retirar el exceso de caucho de alrededor del diseño para que solo la forma en relieve toque el papel al realizar la estampación.

7. Retire con una brocha seca y limpia los restos del tallado o lave la pieza con agua templada levemente jabonosa; luego séquela a golpecitos con una toalla sin pelusa y déjela acabar de secarse al aire. Si elige esta última opción, el sello debe estar completamente seco antes de ponerse a estampar.

8. Pegue con cinta de carrocero el papel en el espacio de trabajo. Tenga a mano papel de borrador para realizar pruebas de impresión.

9. Presione la almohadilla de tinta para entintar toda la superficie del bloque tallado. Para diseños pequeños, puede coger el sello con el dibujo hacia abajo y presionarlo sobre la almohadilla de tinta (*véase* la figura C).

10. Pruebe la estampación en el papel de borrador para ver si faltan detalles de zonas que no estén talladas o que no se hayan tallado con la suficiente profundidad. Si es necesario, realice ajustes en el sello y vuelva a probar.

11. Ponga el sello sobre el papel y aplique una presión uniforme con la palma de la mano. Primero estampe las fachadas de la ciudad (rectángulos y cuadrados), de izquierda a derecha. Entinte de nuevo tras cada estampación.

12. Luego estampe los triángulos para representar los tejados (*véase* la figura D).

13. Experimente con la presión que aplica al sello. Si la va variando, el diseño tendrá un aspecto rústico y gastado. Si es uniforme, tendrá un aspecto más gráfico y limpio.

14. Para limpiar, lave el sello con agua templada y ligeramente jabonosa. Séquelo a golpecitos con una toalla sin pelusa y déjelo acabar de secarse al aire.

VARIACIÓN

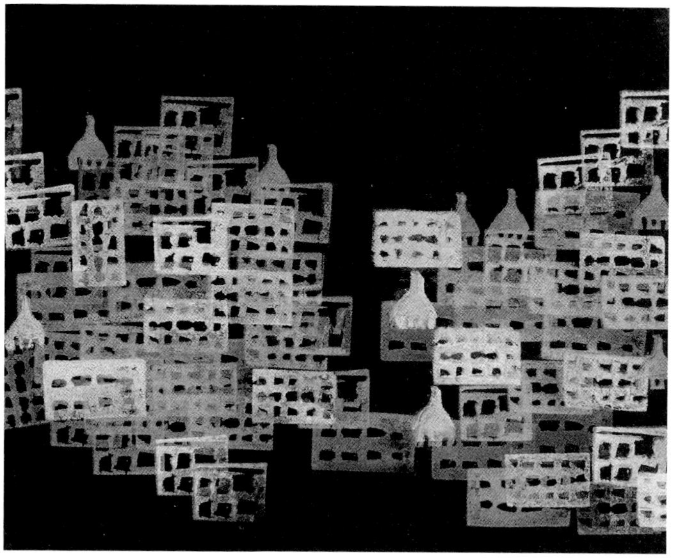

Ejercicio 35:

ESTAMPACIONES CON SELLOS ORNAMENTADAS CON LÍNEAS Y PINTURA

EN ESTE EJERCICIO EMPLEARÁ COMO BASE UNA FORMA ESTAMPADA CON UN SELLO Y LA ORNAMENTARÁ CON *GOUACHE* Y UN ROTULADOR DE GEL PARA APORTARLE ESTILO Y DIMENSIÓN. ELIJA UN DISEÑO QUE HAYA TALLADO EN UN EJERCICIO ANTERIOR O CREE UNO NUEVO. COMO EJEMPLO, HE ELEGIDO UN MOTIVO NÁUTICO POR ANTONOMASIA: LA BALLENA.

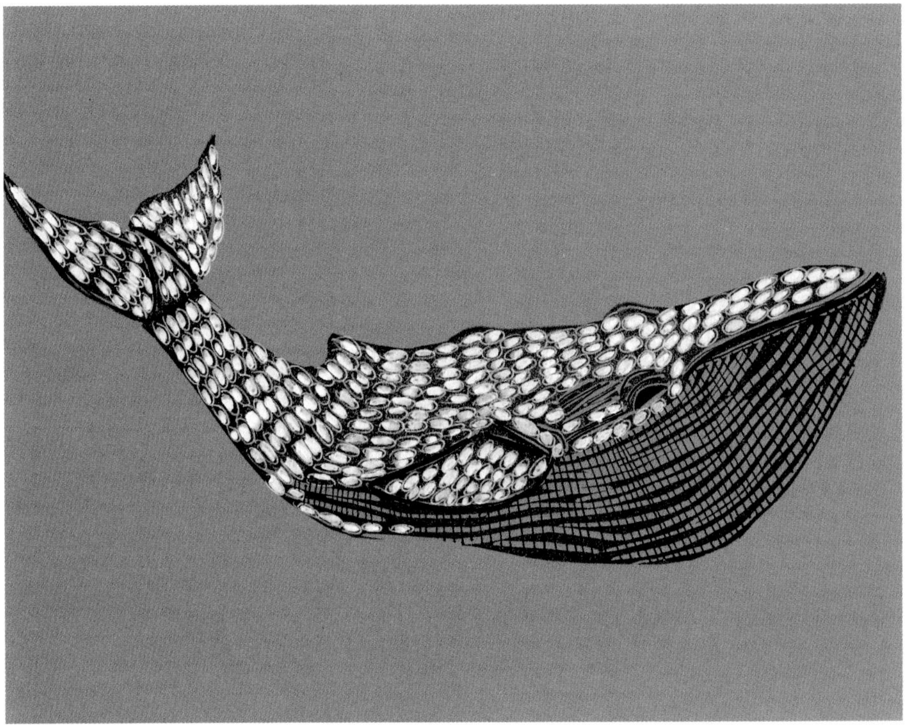

VARIACIÓN

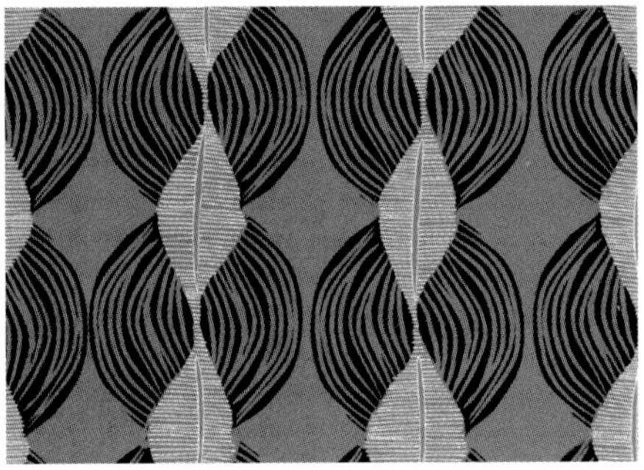

MATERIALES

- Papel de periódico o lámina grande de papel cartón
- Cinta de carrocero
- Cartulina fina o gruesa de acabado liso o papel Bristol de color blanco, gris o marrón claro
- Papel de borrador
- Sello tallado de un ejercicio anterior (o crear un nuevo; *véase* la página 90)
- Almohadilla de tinta blanca o negra, en función del color del papel
- Paleta
- *Gouache* negro o blanco
- Pincel barato para mezclar
- Pinceles (yo he utilizado uno redondo)
- Rotulador de pintura, ordinario o de gel

A

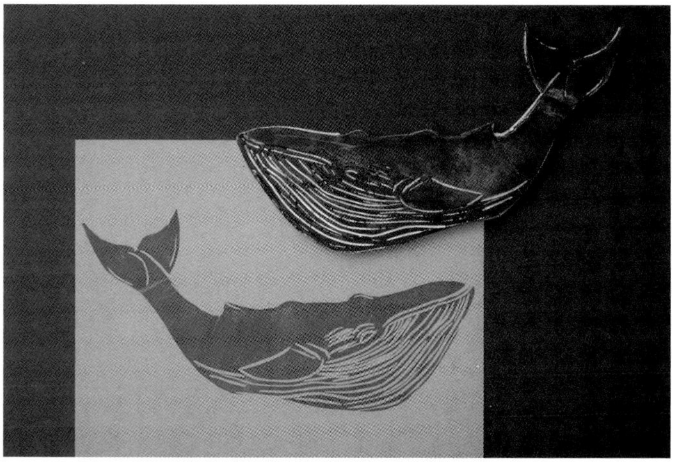

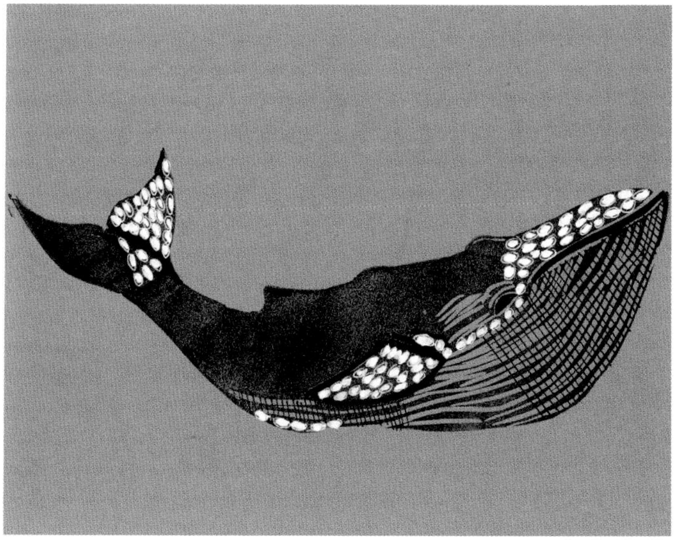

B

1. Cubra el espacio de trabajo con el papel de periódico o la lámina grande de papel cartón.

2. Pegue con cinta de carrocero en el espacio de trabajo el papel donde vaya a realizar la estampación. Tenga a mano papel de borrador.

3. Después de probar el sello para asegurarse de que las estampaciones salen correctamente, coloque el sello en el papel definitivo y aplique presión con la palma de la mano si el sello es pequeño. Si es grande, yo utilizo una pieza de plexiglás para aplicar presión de manera uniforme. También puede utilizar un libro si hace falta. Estampe el diseño o diseños utilizando la almohadilla de tinta. Si quiere llenar la hoja entera, vuelva a entintar el sello y estampe cuanto sea necesario. Deje que se seque todo bien (*véase* la figura A).

4. Estudie la estampación y busque las zonas que le gustaría ornamentar.

5. Mezcle el *gouache* en la paleta y utilice también los rotuladores u otros utensilios de pintura para ejecutar los trazos que desee tanto en las zonas impresas como en los espacios negativos (*véase* la figura B).

VARIACIÓN

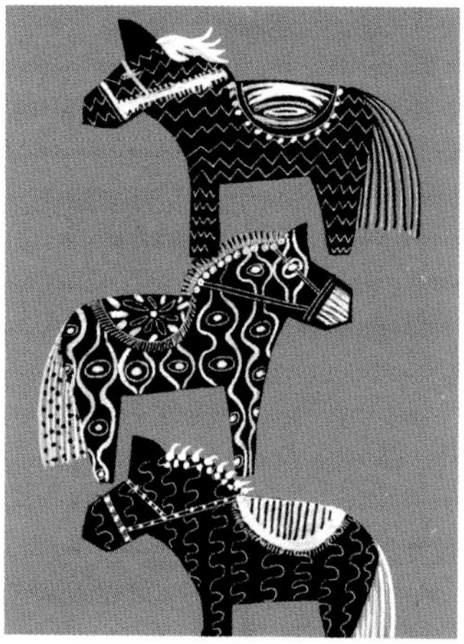

Ejercicio 36

ESTAMPACIONES CON DETALLES COSIDOS

EN ESTE EJERCICIO SE INCORPORAN UNA SENCILLAS PUNTADAS PARA ORNAMENTAR UNA ESTAMPACIÓN. TAMBIÉN SE PUEDE APLICAR ESTA TÉCNICA A DIBUJOS O PINTURAS. PUEDE CONFECCIONAR CON ELLA UNA TARJETA DE FELICITACIÓN O UN REGALO FANTÁSTICOS.

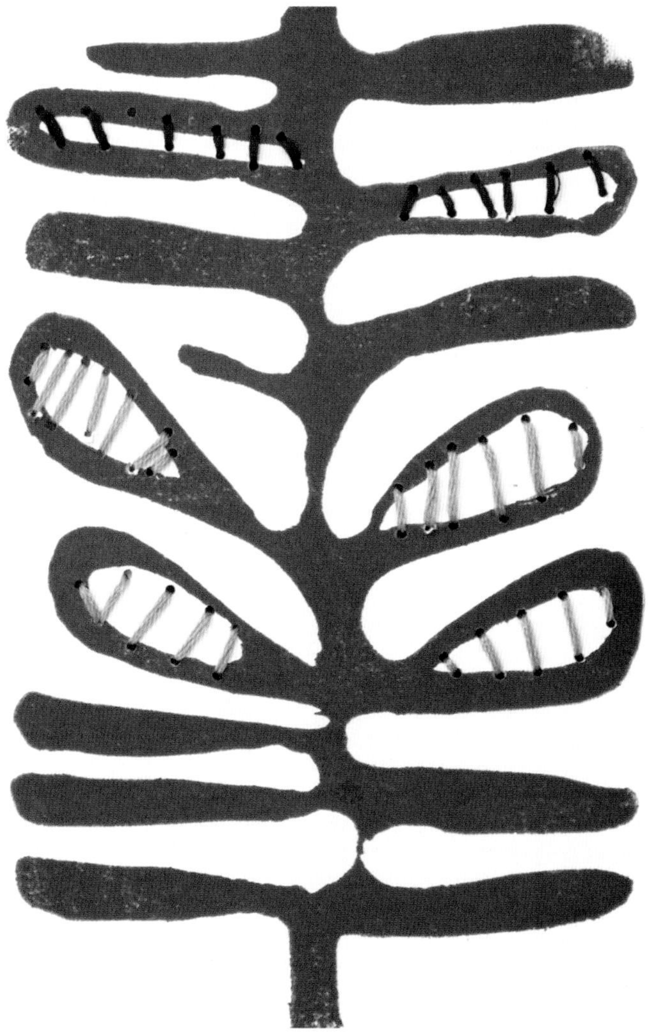

MATERIALES

- Papel de periódico o lámina grande de papel cartón
- 1 o 2 hojas de cartulina gruesa (12,7 x 17,8 cm)
- Cinta de carrocero
- Papel de borrador
- Sello tallado de un ejercicio anterior (o cree uno nuevo; *véase* la página 90)
- Almohadilla de tinta
- Perforadora de 2 mm de diámetro
- Aguja de bordar
- Hilo de bordar
- Tijeras
- Pegamento (opcional)

A

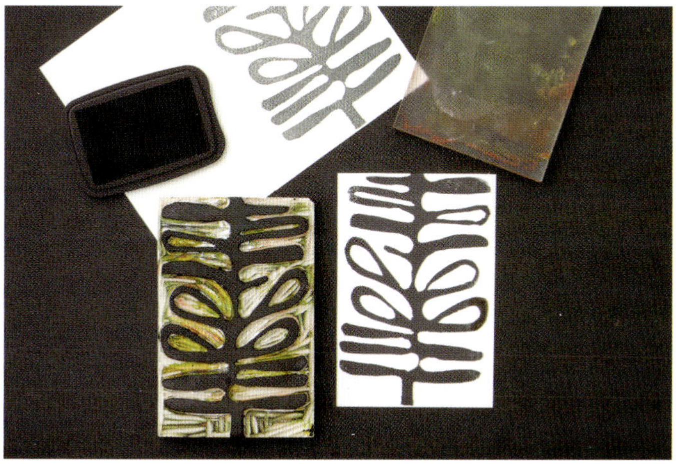

B

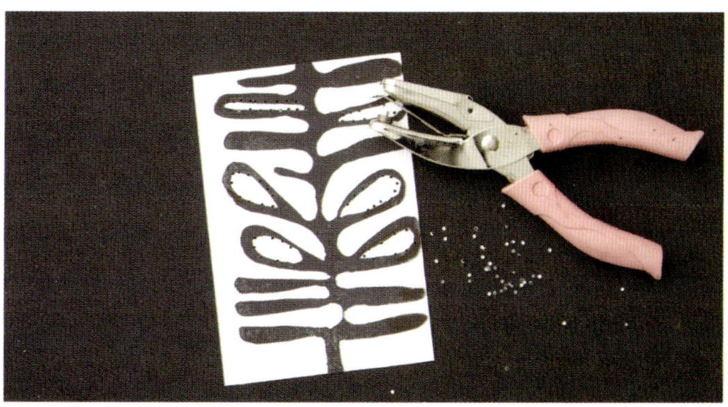

C

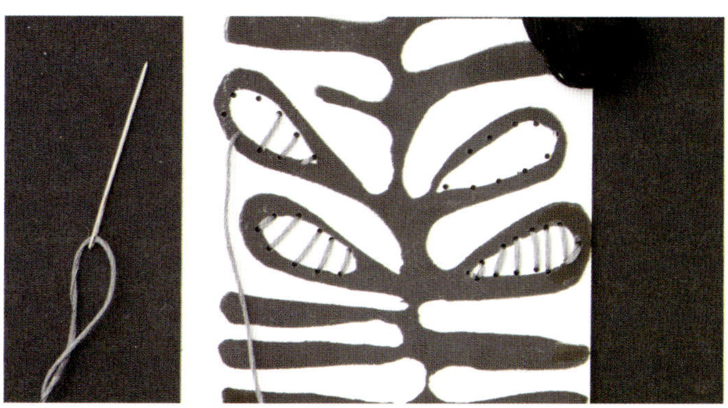

1. Cubra el espacio de trabajo con el papel de periódico o la lámina grande de papel cartón.

2. Pegue con cinta de carrocero la cartulina en la superficie de trabajo. Tenga a mano papel de borrador para realizar pruebas de impresión. Pruebe siempre el sello en papel de borrador antes de realizar la estampación final.

3. Presione la almohadilla por la superficie del sello y entíntelo por completo. En el caso de diseños pequeños, puede coger el sello con el dibujo hacia abajo y presionarlo sobre la almohadilla.

4. Coloque el sello en el papel y aplique presión de manera uniforme con la palma de la mano. Vuelva a entintar después de cada estampación (*véase* la figura A).

5. Deje que la estampación se seque durante al menos 15 minutos.

6. Decida en qué lugar de la tarjeta irá la ornamentación de puntadas. Yo elegí los espacios negativos de las hojas. Perfore la cartulina para que se puedan dar las puntadas. Espacie los orificios lo bastante como para que no se rasgue la cartulina entre ellos (*véase* la figura B).

SOBREHILAR

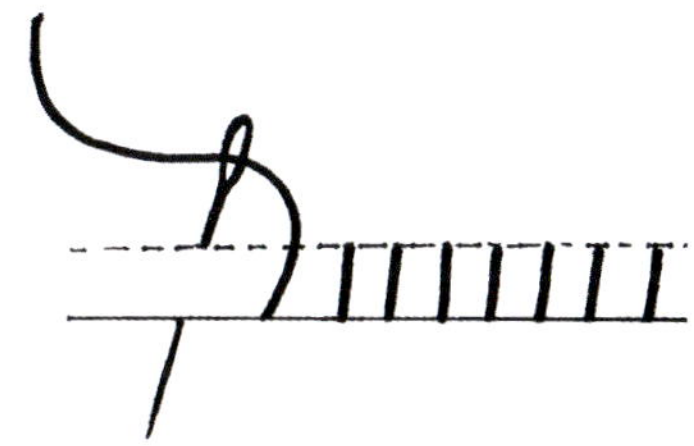

7. Enhebre la aguja de bordar y ejecute un simple sobrehilado aprovechando los orificios que ha perforado (*véase* la figura C).

8. Haga un nudo por la parte de atrás de la tarjeta para rematar, corte el hilo y asegúrelo con cinta adhesiva. Si lo desea, puede coser con una sencilla puntada recta por todo el borde para crear un marco.

9. Puede cubrir la parte posterior pegando otra tarjeta de 12,7 x 17,8 cm.

GALERÍA

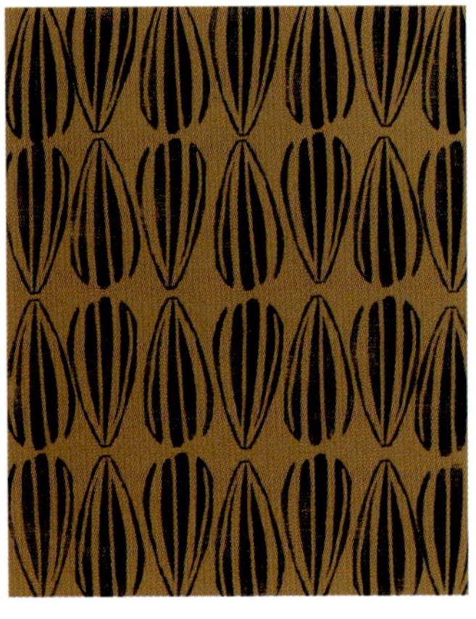

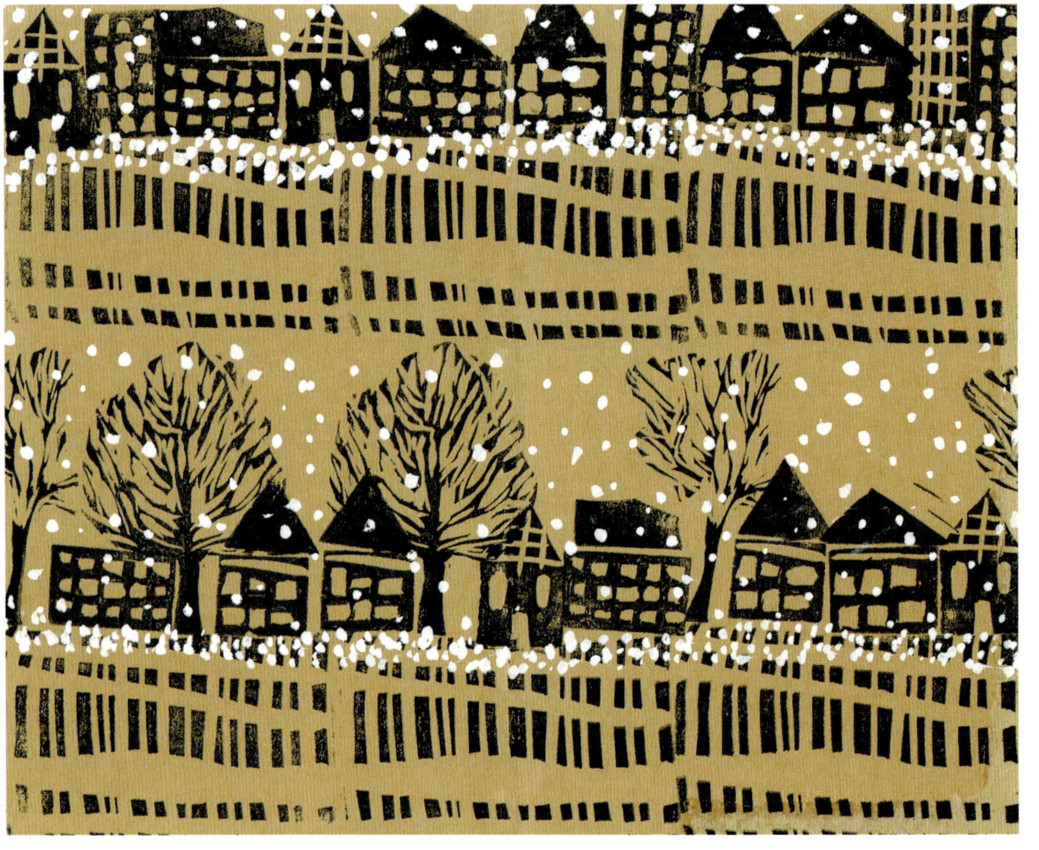

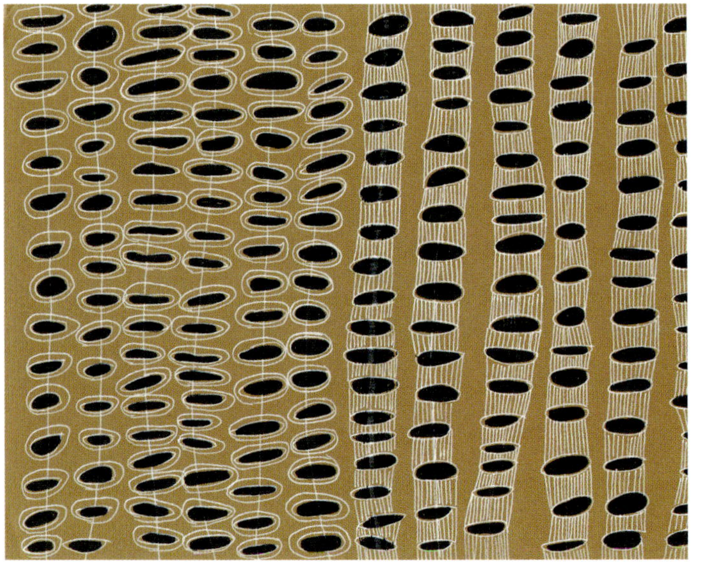

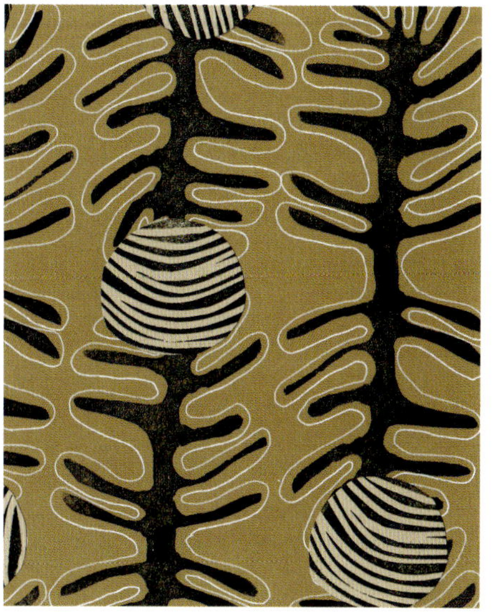

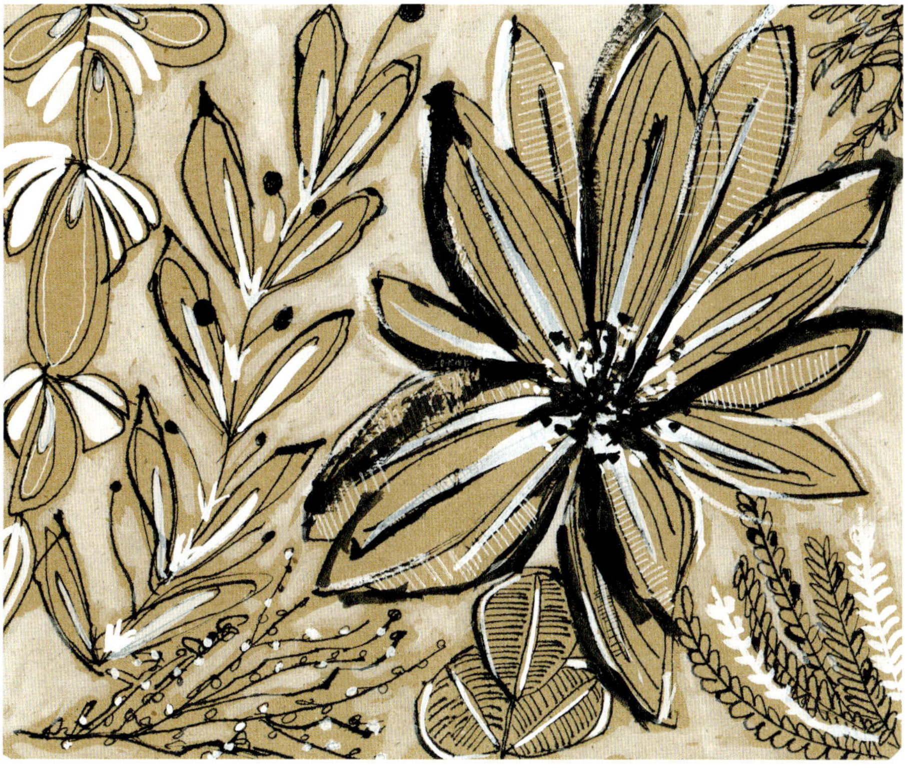

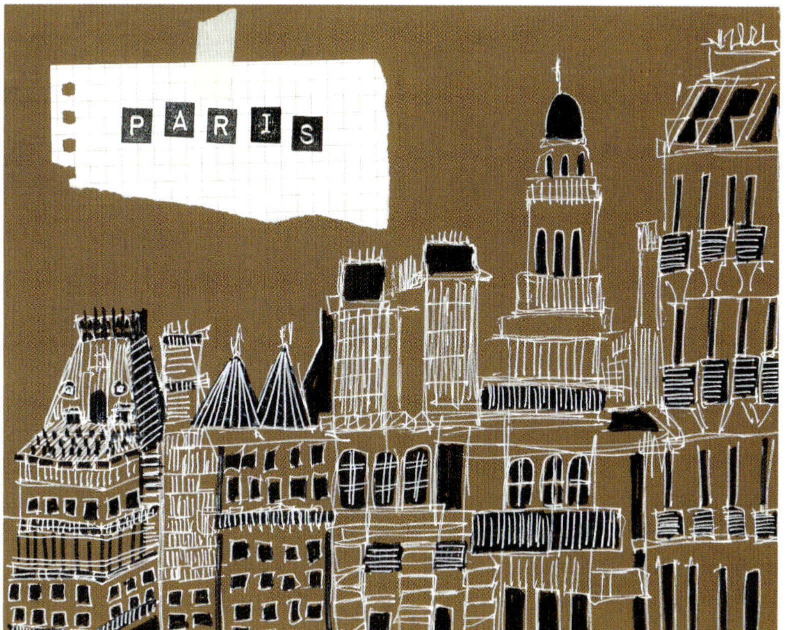
PARIS

GALERÍA

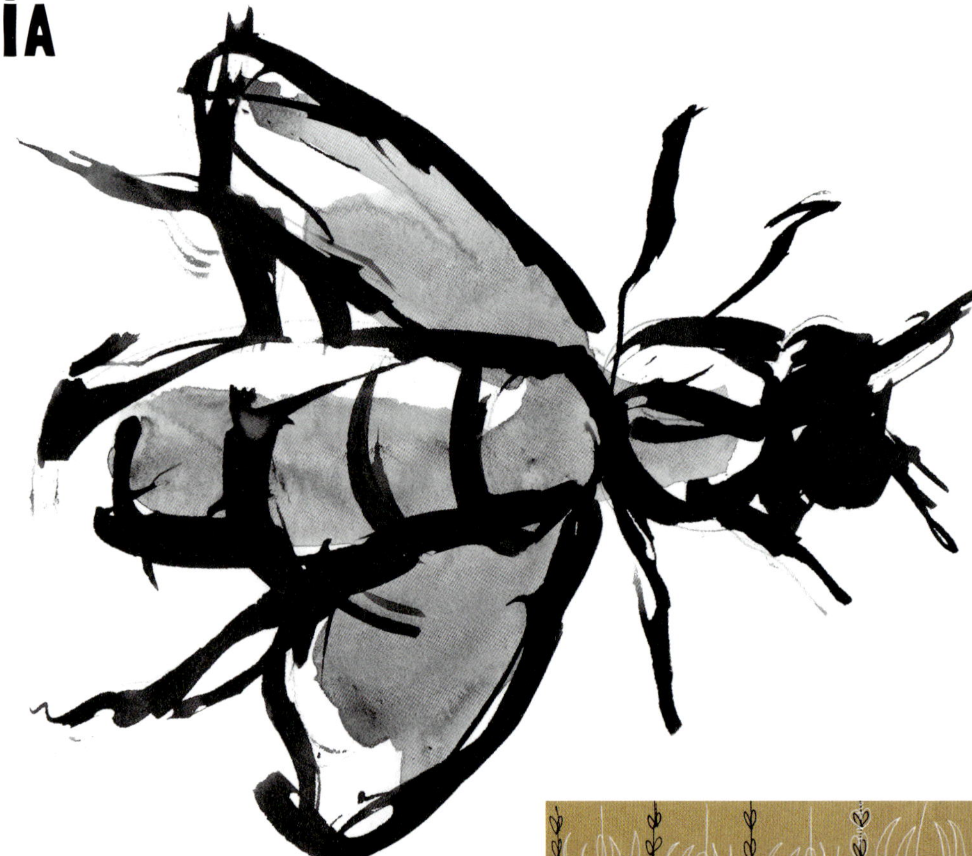

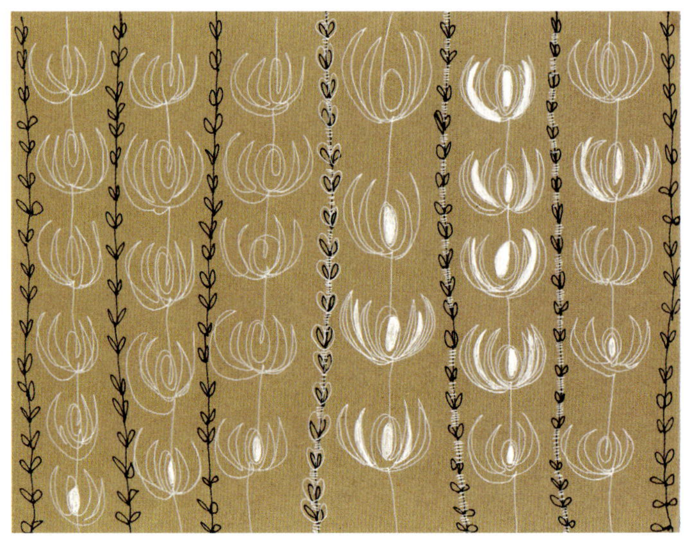

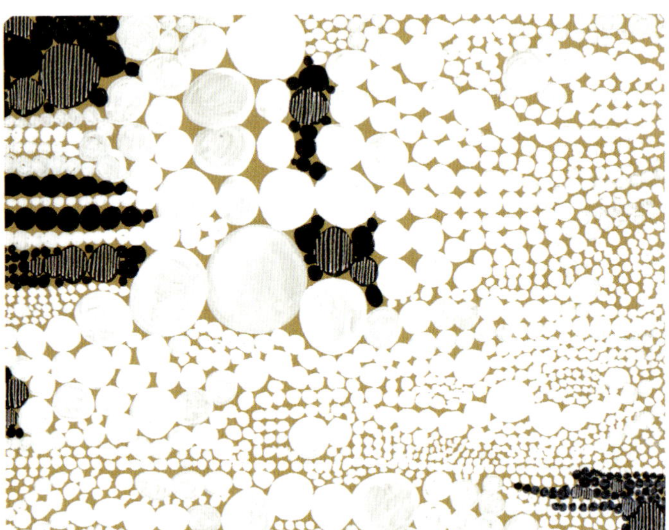

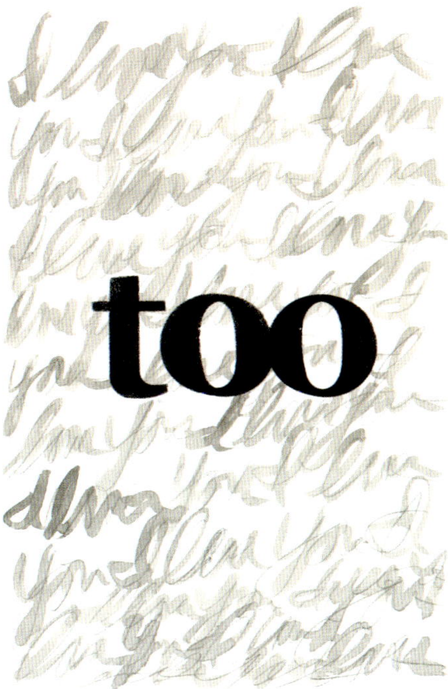
too

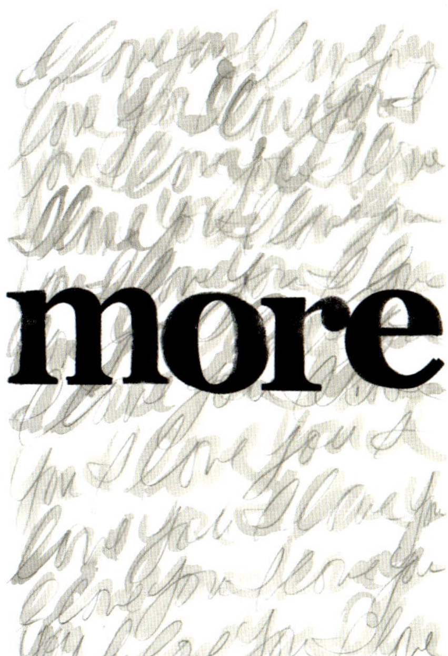
more

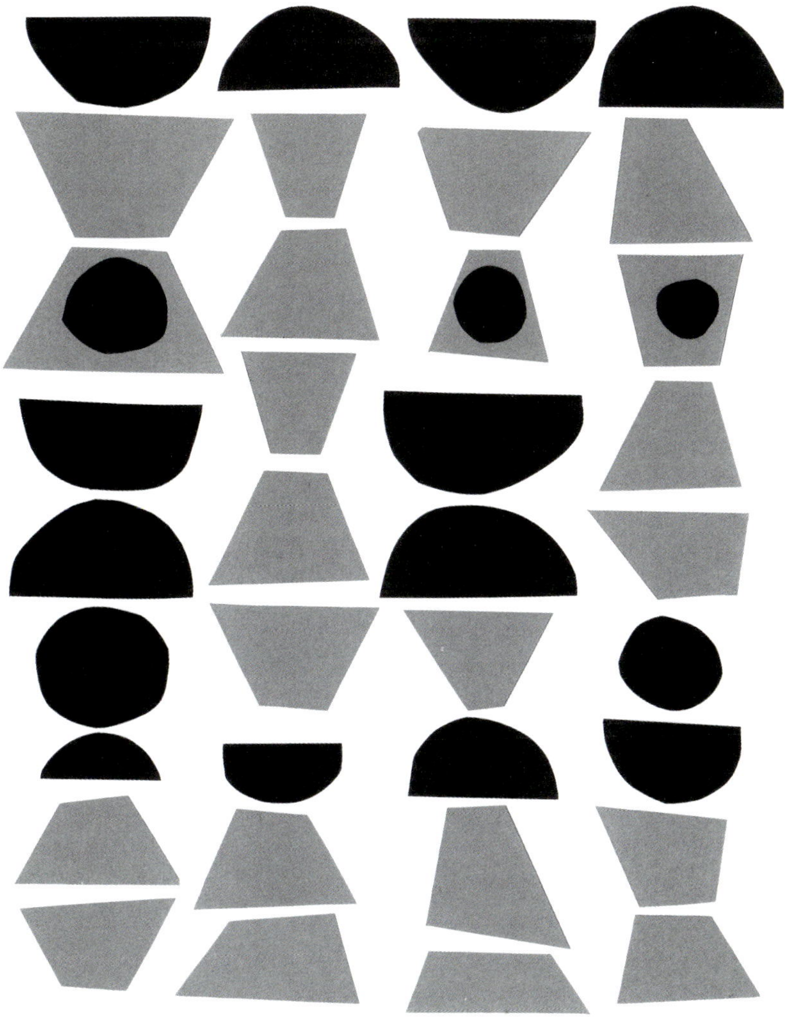

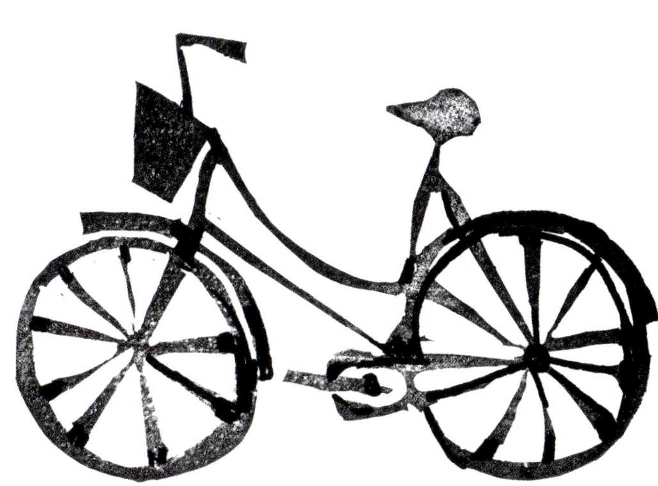

GALERÍA

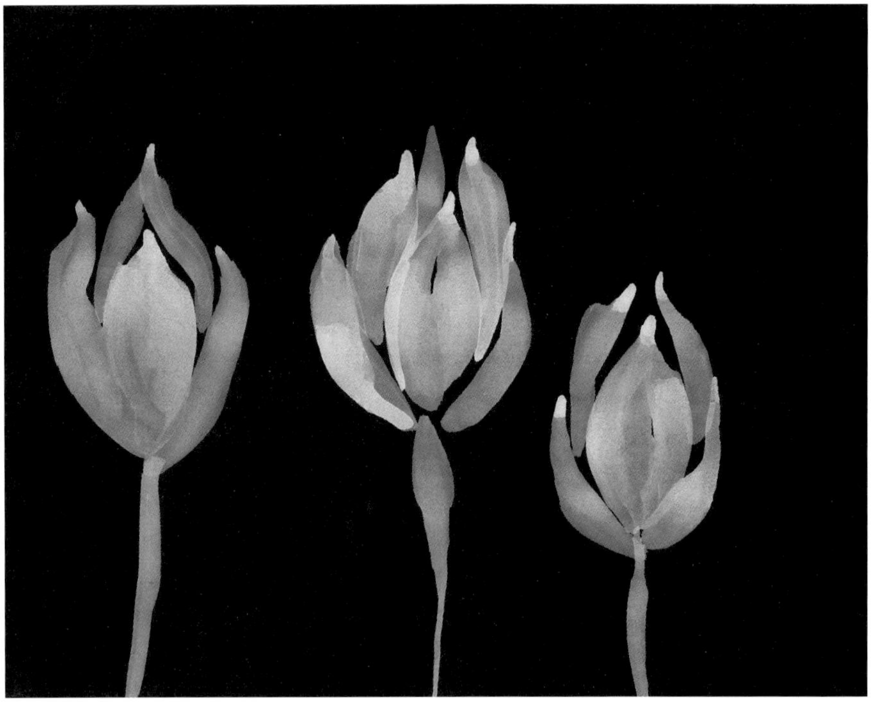

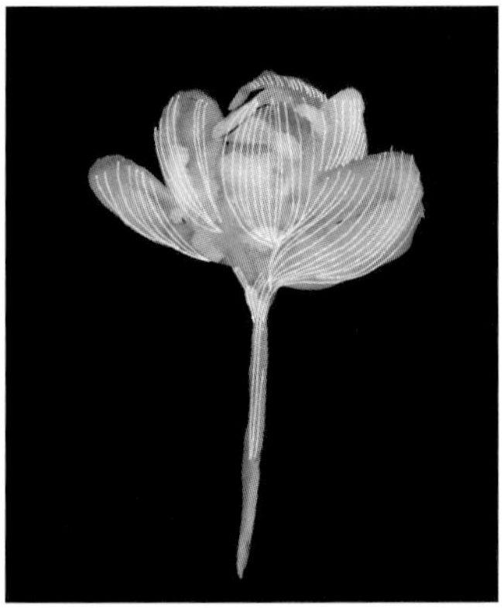

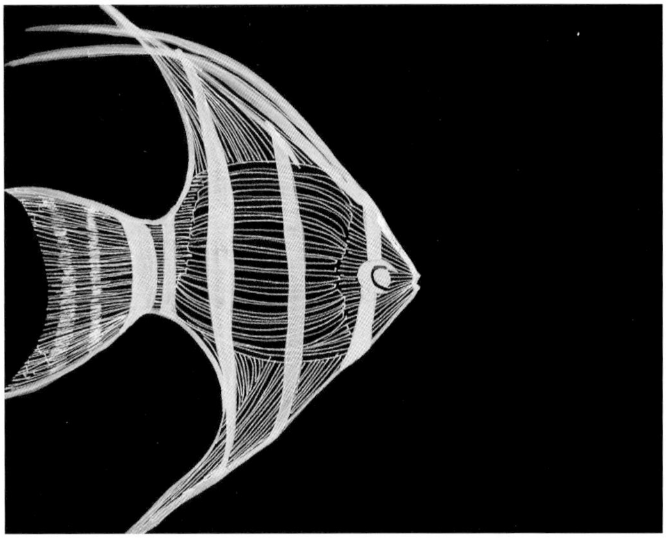

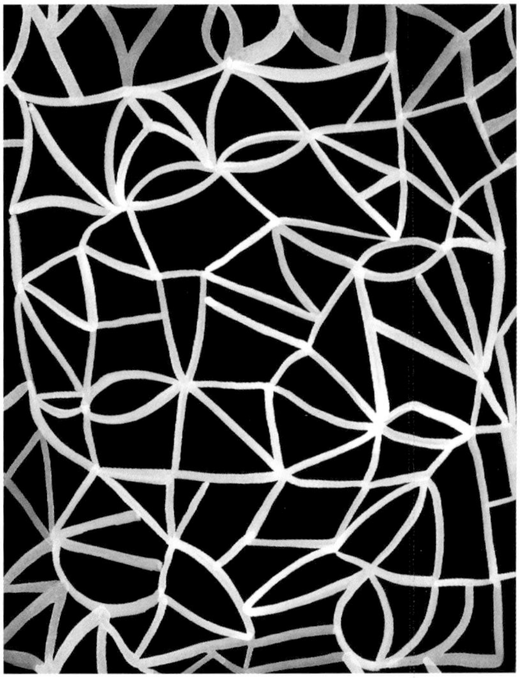

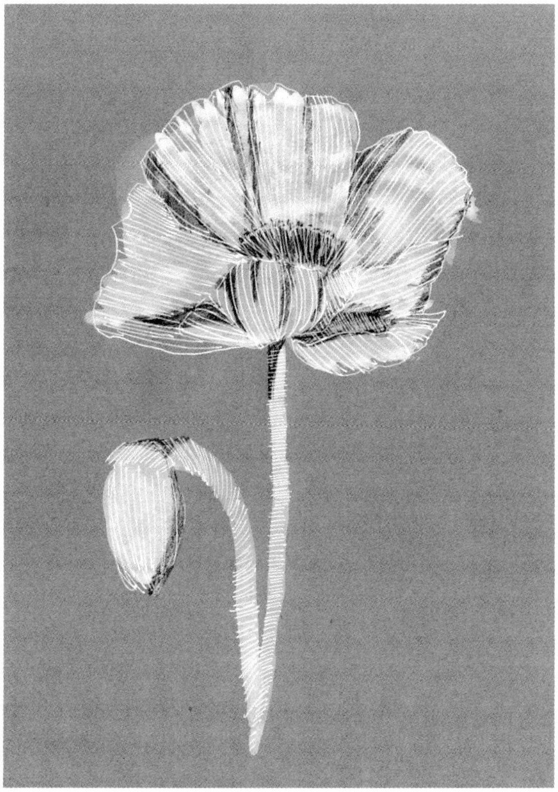

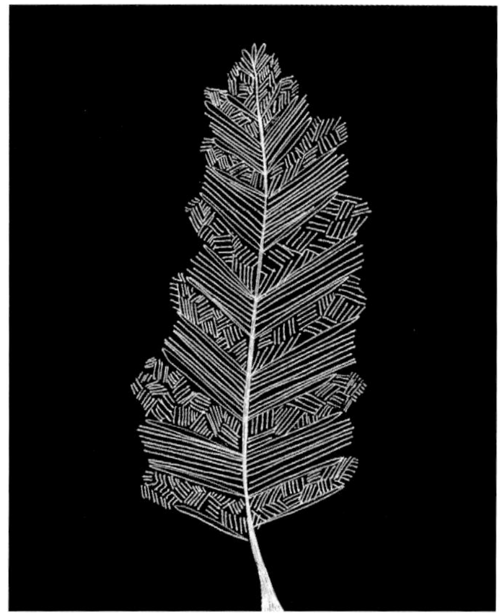

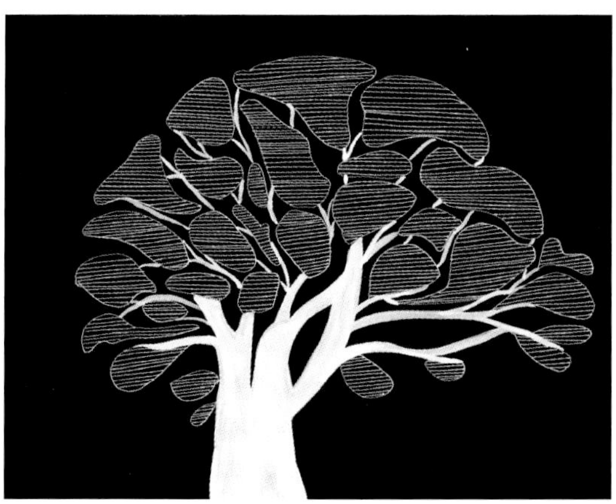

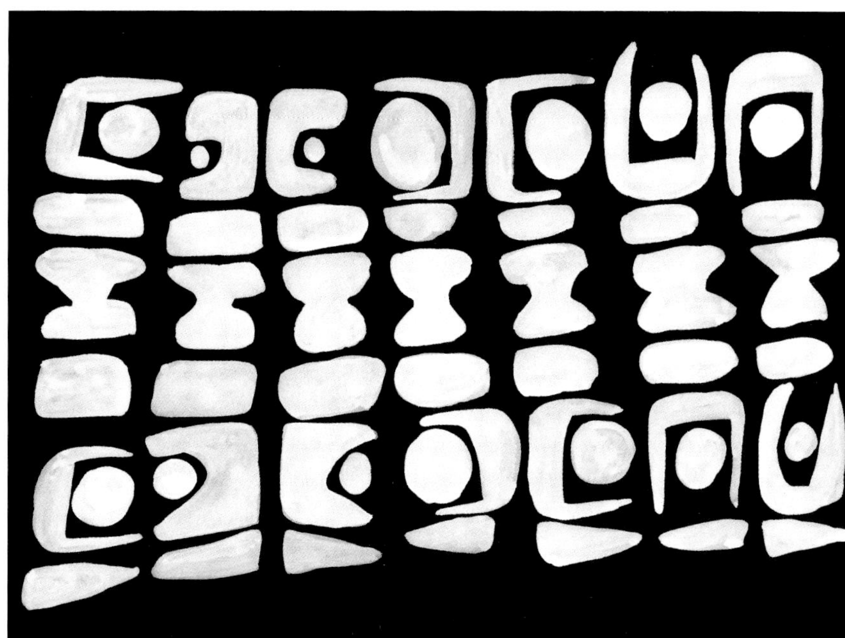

DEBORAH VELÁSQUEZ

Nacida en Brooklyn, Deborah desarrolla su labor creativa en las boscosas colinas de Nueva Inglaterra, donde vive con su marido y sus dos hijos. Ha ganado varios premios y le encanta combinar el diseño, las palabras, la pintura y la artesanía. Su obra es moderna, sofisticada, gráfica y llamativa, y refleja su gusto por la simplicidad de la línea. Crea digitalmente a la vez que utiliza métodos tradicionales como el *gouache*, la acuarela y la estampación.

Deborah se graduó en el Colorado Institute of Art y en el programa de Emprendimiento empresarial de la Universidad de Hartford. Ha estudiado diseño textil y de moda en el Fashion Institute of Technology (FIT) de Nueva York, donde obtuvo el certificado de Sombrerería y estudió con la legendaria Ann Albrizio. Ha participado en exposiciones oficiales, su obra se ha expuesto en numerosas galerías e imparte talleres en su estudio de Connecticut. Sus diseños pueden encontrarse en productos como alfombras, cerámica, objetos de adorno diversos, papelería, textiles y móviles, y sus sombreros han estado expuestos en Henri Bendel, Nueva York. Ha aparecido en *UPPERCASE magazine* y crea para Minted, West Elm, CarpetVista de Suecia y otras marcas de regalos y decoración del hogar.

Se puede visitar su sitio web en DeborahVelasquez.com o seguirla en Instagram en @velasquezstudio.

AGRADECIMIENTOS

Quiero agradecer a Mary Ann Hall que me ofreciera este proyecto tan fabuloso y la oportunidad de dar a conocer mi visión. Su guía, su apoyo y su calma me ayudaron a llevarlo a buen puerto.

Gracias también a Anne Re y al equipo de Quarry por diseñar un libro tan hermoso que muestra mi voz creativa página tras página.

Gracias a Meredith Quinn por guiarme desde el comienzo hasta el fin del proyecto.

Gracias a mi familia y amigos por todo su cariño y apoyo.

A John, mi principal sostén.

A mis chicos, Elán and Auguste: me inspiráis cada día con vuestra bondad, vuestro amor y vuestro gran corazón.

A las que siempre serán mis niñas: mi hermana Felicia, que nunca me falla, a Nya y a Emee, mis creativas sobrinas: ios quiero con locura!

Gracias a todos los que me han precedido: me inspirasteis, creasteis oportunidades y abristeis el camino que me ha permitido vivir una vida creativa. Siempre os tendré en el corazón: Magdalena, Iris, tío Pio, tía Jennie y tía Blanca.

A mis mentores creativos y amigos por toda la inspiración y el apoyo que me han brindado a lo largo del camino:

Jewel Gentile Merrell, artista, poeta y escritora, que ha sido mi consejera creativa desde el principio. Gracias por ser la inspiración de la Word Path Series©.

Jane Rainwater, artista, musa temprana de mi carrera en la sombrerería y compañera de dibujo en Martha's Vineyard. Gracias por proporcionarme plataformas donde mostrar mi trabajo.

Pia Sjolin, artista, que me abrió los ojos ante mis puntos fuertes y me dio el empujón que necesitaba para experimentar y «ver» el arte. Gracias por guiarme.

Jane Beard, diseñadora e instructora, que me atrapó en una red de apoyo creativa. Siempre te estaré agradecida.

Russell O'Conner, director de arte, que me ayudó a crear las bases de una carrera fantástica en el diseño y el arte.

Lisa Ludwig, artista y diseñadora, que se prestó a orientarme a lo largo de muchos proyectos creativos y me enseñó tantísimas cosas sobre el sector de la decoración del hogar.

Marie Zimmerman, profesora, que al creer en mí, me dio confianza para dedicarme a esto.

Rod Carey, artista, que me enseñó a «ver» que todo puede ser un instrumento para crear arte. Te echo de menos.

A mi equipo creativo: Julie Hamilton, Kim Green, Mary Tanana, Heather Neilsen, Barbara Chotiner y Stephanie Ryan. Gracias por todo vuestro apoyo: las llamadas telefónicas y por Skype, las críticas y las charlas creativas. Gracias por estar ahí y ser mi comunidad artística.

Y a mis clientes, seguidores y mi comunidad *online*.

El valor, al amor y la risa hacen todo posible.
Deborah Velásquez

«Tu estilo es el modo en el que hablas pintando».
Robert Henri

«La línea es el mecanismo más poderoso del dibujo».
John Sloan

«Todos los maestros saben que el material enseña al artista».
Ilya Ehrenburg

«Nunca se dibuja lo suficiente».
Jacopo Comin, conocido como Tintoretto o Jacopo Robusti

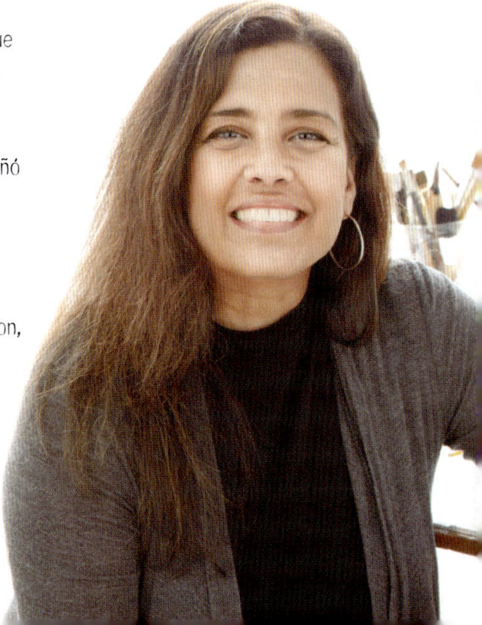